U0106785

5G金融

科技引領
時代變革

莫開偉
陳名銀
邱名泉——著

責任編輯　樹生
書籍設計　a_kun

書　　名	5G 金融：科技引領時代變革
著　　者	莫開偉　陳名銀　邱　泉
出　　版	三聯書店（香港）有限公司
	香港北角英皇道 499 號北角工業大廈 20 樓
	Joint Publishing (H.K.) Co., Ltd.
	20/F., North Point Industrial Building,
	499 King's Road, North Point, Hong Kong
香港發行	香港聯合書刊物流有限公司
	香港新界荃灣德士古道 220-248 號 16 樓
印　　刷	美雅印刷製本有限公司
	香港九龍觀塘榮業街 6 號 4 樓 A 室
版　　次	2020 年 10 月香港第一版第一次印刷
規　　格	16 開（150 × 210 mm）296 面
國際書號	ISBN 978-962-04-4700-6
	© 2020 Joint Publishing (H.K.) Co., Ltd.
	Published & Printed in Hong Kong

推薦序

5G 金融的大門已經打開

2019 年以來，5G（第五代移動通信技術）成為高頻詞，大眾期待的 5G 時代已經到來。毫無疑問，5G 將給各行各業帶來顛覆性的改變，對於以經營風險為主的金融業尤其如此。如今，隨著 5G 正式進入商用階段，可以說 5G 金融時代也已悄然來臨。5G 和金融的深度融合，昇華為 5G 金融，無論是金融的內涵與外延、金融的功能，還是金融與經濟的關係都發生了深刻變革。令人期待的是，5G 金融可以重塑金融業，改變人類生活，推動中國社會經濟和金融業更好更快地發展。

看到此書書名《5G 金融：科技引領時代變革》，讓我耳目一新，忍不住打開書本閱讀內容。這本書採用科普性與現實性相結合的方式，對 5G 金融的概念、一般特徵、表現形式、對傳統金融業的改變、未來呈現模式等方面進行了全面剖析，生動有趣的故事，通俗易懂的語言，相信讀者能有所收穫。

　　《5G 金融：科技引領時代變革》一書的主要內容包括：5G 對傳統金融業的影響和改造、主要經濟體的 5G 金融發展對比、5G 金融推廣面臨的問題、5G 金融前景展望、5G 金融時代的監管變局等。幾大部分內容環環相扣，既闡述了 5G 對金融業的改造路徑，又深入分析了 5G 金融在推廣過程中可能面臨的問題；既解讀了目前全球主要經濟體的 5G 金融發展現狀，又對 5G 金融時代的前景進行了展望；既從政府、金融監管的角度分析了面臨的新挑戰，又從金融機構、行業層面闡述了應對策略。該書圍繞 5G 金融，從不同視角、不同層面，系統地進行了探討和大膽預想，內容十分豐富翔實。該書語言通俗易懂，將專業的金融知識寫得生動有趣，可以滿足不同讀者的閱讀需要，細細讀來，使人頗受啟發，受益匪淺。

　　2019 年是新中國成立 70 週年，70 年來，中國各行各業、各個領域都取得了突飛猛進的發展。在百年未有之大變局的今天，如何在金融領域進一步把握歷史機遇，實現中華民族的偉大復興？我們認為繼續促進科技創新，發展 5G 金融，是快速提升中國金融業服務質量和效率、搶奪國際金融話語權的必由之路。毫無疑問，不論是經濟還是金融，科學技術帶來的創新驅動永遠是第一動力。在經濟金融領域，良好的體制機制應將鼓勵創新作為第一考量。我們相信，只要有設計合理的戰略規劃，參與各方的共同努力，藉助 5G 金融等創新，中國金融行業必將迎來新一輪的強勢增長，中國必將成為全球金融體系中最具國際競爭力的強大力量，同時也為中華民族的偉大復興提供堅實的金融基礎。

　　客觀來說，《5G 金融：科技引領時代變革》一書提出的 5G 金融概念及特徵，可能還不夠科學和精準，有待行業人士進一步完善，但這種努力本身就是一種創新，書中闡述的諸多設想、解決問題的思路及推陳出新之處，值得點讚。相信莫開偉等三位作者以及此書策劃人、財經作家姚茂敦先生這種開創性的大膽嘗試，對制定政策的監管者、金融行業人士，以及經濟研究者和普通讀者，都將大有裨益。

　　5G 金融的大門已經打開。或許，它並不神秘，但你必須快人一步，才能感知時代的脈搏和行業的心跳。

財經金融評論家　余豐慧

自　序

　　信息科技的發展日新月異，人類從 1G（第一代移動通信技術）時代進入 5G 時代用時不過 40 載，而這 40 載，人類信息科技已經發生了翻天覆地的變化。尤其是，5G 時代的來臨將更深刻地影響和改變人類社會，也將引起各行各業出現偉大變革，推動社會經濟的巨大飛躍。金融行業亦是如此，2019 年 6 月，中國正式發放 5G 商用牌照，加上韓國、美國、瑞士、英國等此前已先後宣佈正式商用 5G，可以說，5G 金融時代已經悄然來臨。

　　作為社會經濟生活神經中樞的金融，在 5G 時代面臨的機遇與挑戰並存：超低時延、超大網絡容量和超高峰值速度的萬物互聯互通，既會給金融業帶來飛速發展與業務急驟拓展的空間，也將帶來前所未有的困惑與挑戰，諸如更多的金融基礎設施投入、更高的金融安全需求等，這些機遇與挑戰，將促使每個國家和民族去積極思考和冷靜面對，並想辦法努力適應，提高對 5G 金融的駕馭能力。

　　"適者生存，優勝劣汰"是人類乃至國家間競爭不變的法則，也是永恆的真理。如今，5G 時代的金融競賽已經開始，諸多國家尤其是發達國家已經率先佈局，搶佔制高點。有的國家甚至不惜利用貿易摩擦來對別國造成衝擊。可以說，誰在這場 5G 金融競賽中敢於大膽探索、善用自身優勢，誰就會搶佔先機，贏得 5G 金融發展的戰略制高點，誰就會獲得金融發展的話語權，誰就更有實力和底氣成為世界金融業的 "新霸主"。

目前，中國金融科技產業的領先態勢頗為顯著。歷經十餘年的發展，中國的金融科技已經覆蓋移動支付、信貸、理財投資、保險、證券、徵信等各項業務，尤其是在移動支付領域，已經領跑全球，中國成為全球金融交易最活躍、支付最便利、成本最低以及效率最高的國家之一。當前，中國部分金融科技公司，包括 5G 科技的發展程度都已經達到世界一流水平。這些領先優勢的取得主要有三大原因。首先，中國消費者眾多，市場規模巨大，絕大多數國家無法比擬，這對於中國發展 5G 金融是一大優勢。其次，中國有 "集中力量辦大事" 的優勢。眾所周知，5G 金融是一項革命性的系統工程，5G 金融的發展需要從頂層設計到產業佈局，再到科技攻關各個層面的配合，這需要強有力的政府領導和科技創新，在這些方面中國有很大的制度優勢。最後，後發優勢。目前，中國中小微企業的 "融資難"、"融資貴" 問題依然存在，偏遠農村甚至廣大縣域地區的金融服務水平還比較落後，這就給 5G 金融發展提供了廣闊空間。服務好實體經濟，服務好薄弱領域，5G 金融大有可為。

中國是世界第二大經濟體，無論是經濟問題還是金融問題，在世界上都堪稱數一數二，面對 5G 金融時代悄然而至，不能退縮，不能落後，更不能裹足不前，而是應該激流勇進，加入 5G 金融時代的變革中，及時加大對 5G 金融研發的投入力度，掌握發展主動權，為中國金融業的發展奠定堅實基礎。

客觀來說，中國的金融行業總量雖大，但在管理和服務上還存在不少薄弱環節。正因如此，黨中央、國務院也在近年推出了加速金融對外開放的決定，制定和實施了一系列金融對外開放政策，中國金融業已經或即將與全球金融業接軌。為了不使中國的金融業 "落後捱打"，讓中國金融業領跑世界金融發展的潮流，各級政府必須加大對 5G 金融的研發與推廣，集中財力物力及各種資源優勢，在推進 5G 金融中創造寬鬆而優惠的環境，加速中國 5G 金融的發展，為中國金融業發展破除各種障礙，提供強有力的支撐。

本書共分六章：第一章主要介紹了 5G 對金融業的深刻影響；第二章主要闡述了 5G 對傳統金融業的改造途徑；第三、第四章全面分析了目前全球主要經濟體的 5G 金融發展現狀，5G 金融在全國推廣過程中面臨的問題；第五章則對 5G 金融時代的前景進行了展望；第六章主要站在金融監管的角度，分析了 5G 時代金融監管面臨的新挑戰，以及如何扮演好新角色。總的來看，本書圍繞 5G 金融從不同視角、不同層面系統進行了探討和大膽預想，為了適應不同讀者的接受程度，本書採用財經通俗讀物的寫作手法，儘可能地將專業的金融知識寫得生動有趣、好看易懂。

當前，無論是金融理論界還是金融實踐領域，5G 金融還是一個不太成熟的概念，更沒有相關係統闡述。本書進行了開創性的大膽嘗試，幾位作者和本書策劃人、知名財經作家姚茂敦先生反覆商討，初步提出了 5G 金融的概念及特徵，當然，我們很清楚，有時一個新概念的提出，業界可能會爭論多年甚至更長時間，不同的人也會提出不同的定義，這都是很正常的。由於作者水平有限，錯誤之處在所難免，歡迎讀者批評指正，以便再版時進行修正完善。

同時，但願此書能引起金融監管部門的重視，將 5G 金融納入國家重要發展綱目，為中國 5G 金融發展高潮的到來解決一些切切實實的問題，這也是作者撰寫本書的真實意圖和目的。

謝謝你翻開本書，希望本書能為你打開一個全新的世界！

目錄

第一章

5G 對傳統金融業的深刻影響

金融行業的發展歷程

當人類社會進入原始社會後期，隨著勞動分工和生產力水平的提高，物物交換逐漸頻繁，迫切需要一種東西充當一般等價物，方便人類進行交易活動，貨幣就這樣誕生了。最初的貨幣是貝殼、獸骨等一些方便攜帶的物品，雖然當時的貨幣還處在一種較為原始的狀態，但它的出現，卻是人類經濟發展史上破天荒的大事。貨幣的誕生標誌著人類經濟活動進入一個全新的時代，也為金融活動的開展創造了必要的先決條件。

一、金融業演進的歷史脈絡

西方金融業起源於公元前 20 世紀巴比倫寺廟和公元前 6 世紀希臘寺廟的貨幣保管和收取利息的放款業務。公元前 5 世紀到公元前 3 世紀，雅典和羅馬先後出現了銀錢商和能夠辦理借貸業務的商業機構。中國的金融業最早可以追溯到公元前 256 年以前周代出現的辦理賒貸業務的機構，《周禮》稱之為 "泉府"。世界上最早的現代銀行是意大利的威尼斯銀行，成立於 1580 年，自此，金融發展進入一個新的階段，開始出現貨幣兌換業和兌換商。一個多世紀後，英格蘭銀行在英國成立，為現代金融業發展確立了最基本的組織形式。鴉片戰爭以後，外國銀行開始進入中國，而出現於明末清初的錢莊、傳統的票號、官銀錢號等金融業態開始走向衰落，現代意義上的銀行逐漸在中國確立和發展。

金融業在歷史的發展和演進中，組織類型不斷豐富。第一家海上保險公司 1424 年在意大利熱那亞問世，世界上最早的證券交易所——阿姆斯特丹證券交易所於 1602 年在荷蘭成立。進入 20 世紀，伴隨著經濟和科學技術的飛速發展，金融業進入井噴式發展階段，金融逐漸成長為經濟發展的核心，金融業走到了經濟發展的舞台中心。金融的功能和作用不斷完善，形成了貨幣資金借款、外匯買賣、有價證券交易、債券和股票的發行、黃金等貴金屬買賣的金融市場，並在發展中逐漸細化和專業化，短期融資的貨幣市場有票據貼現市場、短期存貸款市場、短期債券市場和金融機構之間的拆借市場；長期融資的資本市場有國債市場、股票市場、企業中長期債券市場、中長期貸款市場等。

20 世紀 70 年代以後，全球經濟金融環境發生了很大變化。1973 年，布雷頓森林體系崩潰後，以美元為中心的固定利率全面瓦解，西方主要國家紛紛實行浮動匯率制度，國際資本頻繁流動，加之在美元和石油的衝擊下，匯率市場波動劇烈，匯率大起大落，匯率風險大幅增長。1973 年和 1978 年，先後爆發了世界石油危機，全球利率水平整體大幅上揚，使得投資者、債權人、債務人都陷入極大的風險中。與此同時，貨幣供給學派興起，西方國家領導人受其影響，放棄對利率的管制，利率也頻繁波動。利率與匯率的相互影響，帶動了股價的頻繁波動，金融市場迫切需要能夠有效規避風險的金融產品或金融工具。

於是，作為新興風險管理手段，以期貨、期權和互換為主體的金融衍生工具應運而生。由此可見，從某種意義上講，金融市場潛在風險的劇增為金融衍生工具的出現創造了必要的金融環境。除此之外，信息技術的飛速發展大大降低了交易成本，為金融衍生工具的誕生和大規模應用提供了技術保障。與此同時，金融理論的創新與發展，為金融衍生品發展奠定了理論基礎。1972年 12 月，諾貝爾經濟學獎獲得者米爾頓·弗里德曼的一篇論文《貨幣需要期貨市場》，直接推動了貨幣期貨的產生。金融衍生工具的誕生極大地豐富了金融形態，金融市場與商品市場的深度融合，特別是期貨和期貨市場的出現，使得金融無論從內容和概念上都有了新的內涵。

二、信息與金融業的發展

回顧歷史，我們不難發現，金融業的發展歷史就是一部不斷追求信息便捷化的歷史，金融依賴信息而誕生，信息傳遞改變金融，信息技術的不斷演化推動著金融業向前發展。具體來看，貨幣傳遞價值信息，金融業誕生，信息技術解決信息不對稱問題，降低交易成本，促使金融業不斷發展，產生新的金融業態，金融業務的內容日益豐富，金融對社會經濟的滲透能力也不斷提高。

貨幣表達價值信息，為金融業誕生創造了條件。如果說交易的發生是偶然的，那麼貨幣的產生則是必然的。貨幣的出現為金融業的出現創造了必要的條件，當交易頻繁發生時，價值信息如何精準地表達成為首要解決的問題。貨幣之所以能夠成為交易的一般等價物和交易的媒介，是因為其能夠準確地傳達出交易物品的價值信息。貨幣有效地解決了價值信息的度量，催生了金融業的誕生。隨著人類改造自然界能力的提高，貨幣從最初的貝殼變成了銅錢、金幣等金屬貨幣。顯然，金屬幣比貝殼更能精準地衡量買賣物品的價值，順利實現交易，也極大地促進了商業交易活動的順利實現。金屬通過鑄造，可以形成標準化和統一化的樣式，並且可以將其所代表的價值信息刻在上面，從而成為能夠精準傳遞價值信息的媒介。此後，造紙術的出現，讓貨幣的製造材料有了新的選擇。公元 9 世紀，中國開始首次使用紙幣（飛錢）。由於質量小，攜帶更加方便，直到今天，紙幣依然是人們使用最普遍的貨幣。

紙幣對金融的影響無疑是極其深遠的，使人們對貨幣的理解開始走向抽象。在金屬貨幣時代，貨幣所代表的價值與貨幣本身所隱含的價值是對等的，特別是以貴金屬為材質製作的貨幣。

比如，在古代，西方國家很長一段時間都是以金幣作為重要貨幣的，金幣的原材料黃金本身就具有價值，金幣代表的價值大小，主要以金幣的重量和成色作為主要依據，因此在市場交易中一枚金幣能買來多少東西取決於金幣的質量，而紙幣的產生完全顛覆了貨幣本身具有價值這一邏輯。紙幣是純粹的價值信息的載體，儘管印刷紙幣需要花費一定的資源和勞動力，但對紙幣所承載的價值信息來說，幾乎是微乎其微的。例如，一張 100 元的人民幣紙幣，其本身價值（成本）不足 1 元，而所表達的價值信息是 100 元，本身價值所佔比重不足百分之一。紙幣之所以能夠不以自身價值為標的，成為現代社會普遍接受的貨幣，主要是因為紙幣是信用貨幣，是有國家信用做背書的。國家以主權信用為依託，以法定的形式賦予紙幣具有傳遞價值信息的功能。這與金屬貨幣本身具有價值形成了鮮明的區別。從信息傳遞的角度看，紙幣在交易中的優勢是天然的，精準而便捷，大大降低了交易成本。

紙的發明極大地方便了信息傳輸，在經濟金融領域除了紙幣的應用外，還突出表現在銀票、支票等紙質金融信息的載體上，較好地推動了資金跨地域流動，豐富了金融業的支付手段。

在紙發明後的近兩千年裏，人類的信息傳輸的方式並沒有太大進步，直到電被發現和研究，人類的信息傳輸開始進入新紀元。早在 18 世紀，歐洲科學家發現電的各種特質，開始研究用電傳輸信息的可能，最早有人提出使用靜電來拍發電報，但由於當時的科技水平較低及各種原因未能實現。1839 年，世界上第一條電報線在英國誕生，主要用於兩個車站之間的通信。幾乎在同一時期，美國的薩繆爾・摩爾斯也發明了電報，摩爾斯還發展出一套可以拍發字母及數字編碼的方法，這就是著名的摩爾斯電碼（又稱摩斯密碼）。電報誕生於工業革命時期，當時城市和國家的版圖在不斷擴大，曾經的信件傳遞信息的方式顯得越來越慢。於是，電報很快便應用到各個領域，金融業是相對較早採用電報傳輸信息的。電報的信息傳輸優勢大力刺激了當時金融業的發展，電報廣泛應用於資金匯兌、股票交易信息的傳遞等。相比之前的信件和人力傳輸信息，電報的傳輸方式使金融活動的交易成本、信息獲得成本大大降低，實現了跨區域間金融的互聯互通，而隨著金融跨國公司、跨國銀行的迅速崛起，全球化的金融市場逐漸形成。到了 1900 年，通過現代通信設施的連接，形成了以英國倫敦為中心的國際金融市場，並在美國紐約、法國巴黎等主要資本主義國家城市形成了區域金融中心，五大洲隨後相繼建立起聯繫緊密的資本市場，全球國際金融體系基本形成。

　　隨著時間推移，人類進入 20 世紀中後期，以計算機信息技術為開端，通信技術進入了飛速發展階段，人類獲取信息和處理信息的能力徹底發生了改變。進入 20 世紀 90 年代以來，互聯網得到迅速普及和應用，推動並深刻地改變了人類社會發展和文明進程。互聯網與金融相遇，深刻改變了金融業原有的樣貌，有力推動了金融創新的興起和蓬勃發展。信息革命改造金融業的時代

到來了。信息技術與金融的融合促使金融形態由物理形態向虛擬
形態轉變，傳統的以金融機構為中心的金融運行方式發生改變，
管理不斷趨於扁平化和網絡化，第三方支付、網絡借貸、眾籌融
資等互聯網金融新模式也在近年不斷湧現並快速崛起。

三、現代信息技術對金融業的影響

　　從金融業變革的歷史軌跡來看，從來沒有像計算機信息技
術、互聯網這樣對金融業產生如此巨大的影響，過去任何時代，
也沒有像互聯網金融時代下的金融創新那樣如此頻繁，不斷地改
變著金融業創造價值的方式。從機構組織、競爭模式到金融規則
都發生了很大變化，幾乎是對傳統金融業進行了再造。具體來
看，以互聯網為核心的現代信息技術對金融業的影響主要體現在
以下幾個方面。

　　1. 金融市場主體極大豐富，呈現多樣化發展趨勢，市場競
爭規則發生改變，資源配置效率大大提高
　　銀行、保險等傳統金融機構主要依靠資金和市場規模以及
分支機構數量來獲取競爭優勢。互聯網等科技與金融融合發展
後，競爭規則不斷發生變化，金融機構可以藉助網絡整合各方資
源的優勢，不需要投入大量的財力和人力就可以實現業務範圍的
大規模覆蓋，還可以通過互聯網快速搜集客戶需求，挖掘客戶潛

在信息，並藉助精準營銷提供個性化的金融服務。互聯網公司作為信息技術的提供者，在發現了金融與互聯網融合的巨大商機後，紛紛加入進來，成立了互聯網金融公司。尤其是像阿里巴巴、騰訊、百度、京東這些互聯網巨頭，利用其廣泛的入口資源、數據資源和海量的用戶開展金融業務，直接向供應鏈金融、小微企業信貸、消費金融、保險等傳統金融領域擴張，不斷地衝擊著銀行等傳統金融機構的核心業務，並間接地改造金融機構。阿里巴巴創始人馬雲曾豪氣地說：“如果銀行不改變，我們就改變銀行。”的確，在互聯網金融的影響下，傳統金融機構紛紛轉型和改變。如今，銀行、保險、證券機構都提供線下和線上服務。此外，互聯網使金融整合資源的能力大幅提升，互聯網金融企業利用大數據、人工智能等信息技術，全面分析用戶的消費習慣和行為特徵，匹配適合用戶的金融產品。因此，可以超越傳統融資方式的資源配置效率，大幅減少交易成本，降低違約風險。

2. 極大地提升了金融業的服務質量，金融產品日趨多樣，金融服務呈現出綜合化與複合化特徵，不斷惠及更多人群

現代金融業充分利用現代信息技術，使金融業自身實力得到極大提升，藉助信息技術簡化資金供需雙方的交易環節，實現面對面對接，降低資金融通的成本，擴大金融服務的受眾群體。例如，P2P（點對點網絡借款）、眾籌、移動支付等金融創新模式從理念變成了現實，不斷增強了金融業的核心競爭力。與此同

時，互聯網的快速普及和應用，讓無論是鄉村還是城市，全覆蓋了互聯網絡，由此讓更多人享受到了均等的金融服務。普惠金融越來越受到金融機構的重視，一些過去被忽略的業務逐漸成為金融機構的主流業務，尤其是中小金融機構。這些改變都歸功於互聯網、計算機、大數據等信息技術，正是技術的進步，不斷縮小了數字鴻溝，解決了普惠金融發展過程所面臨的成本較高、收益不足、效率和安全難以兼顧等問題。過去，金融機構一直被人們詬病 "嫌貧愛富"，但隨著信息技術的飛速前進，這一行業 "毛病" 正在悄然發生變化。如今，金融機構可以通過精準的信息識別，針對不同人群，提供風險相宜的金融服務，金融服務正在向 "愛富卻不嫌窮" 的方向轉變。

3. 充當資金中介的傳統金融機構正在被替代，金融市場化進程加快

金融市場中，傳統金融機構充當資金中介的職能，連接資金供求雙方，金融機構通過專業的人員、專業的知識和專業的信息渠道，獲取資金供需雙方的信息，完成資金的匹配。但在互聯網信息技術廣泛應用的今天，融資模式不斷創新，資金雙方的信息可以在互聯網上匹配和分享，充當資金中介的傳統金融機構發揮的作用逐漸被替代，互聯網金融融資渠道越來越多樣化、扁平化、透明化，越來越多的融資者通過非傳統金融機構進行融資。傳統金融機構的資金中介職能相對降低，必然引起儲蓄資產在社

會金融總資產所佔比例降低，由此引發整個金融市場的融資方式由間接融資為主，向直接、間接融資並重的模式轉換，金融市場化的進程大大加快，大幅提高了金融市場的資金運轉效率。

4. 金融全球化程度進一步深化，金融網絡不斷延伸

互聯網的"網絡外部性"特徵有利於金融機構更好地進行信息搜集和生產，產生規模經濟、範圍經濟（指多種金融服務由同一機構提供所產生的經濟效應）和協同效應，進而引領和推動全球金融業整合。大型金融機構跨境、跨國併購的不斷湧現，形成了一些在整個金融體系內具有系統影響力的超級、全能金融機構。與此同時，在現代信息技術的推動下，全球的股票市場、外匯市場、債券市場、金融衍生品市場通過發達的信息通信技術、交易技術和計算機信息處理技術連接在一起，大大地縮短了全球金融市場的時空距離，使國家與國家及地區之間的金融往來毫無障礙，形成了全球一體化的金融市場，實現了全天候不間歇營業、全球電子網絡化的交易市場。如今，藉助於發達的信息技術，全球形成了一個四通八達、緊密相連、互相依存的金融網絡。在這個網絡中，任何單個經濟體不再是"孤島"，而是全球金融網絡的一個節點和有機組成部分。

千百年來，解決信息不對稱、降低交易成本一直是人類活動永恆的追求，金融也不例外。從金融業誕生的那一天起，金融就與信息形成了共生關係，無法獲取信息能力的金融，一定是空

中樓閣，無從談起。回顧金融業的發展歷史，可以發現每一次信息技術的突破，都有力地推動了金融業的發展，改變著金融的走向，豐富著金融的內涵。時間走到今天，5G 時代已經來臨，5G 將給金融業帶來哪些變革呢？身處當下的我們顯然很難給出完全正確的答案，但可以預料，5G 將給金融業帶來深刻的影響，這種影響將是我們無法想象的，甚至有可能是顛覆性的，我們應以更加寬容的心態、更加積極的態度、更加科學的方式去迎接它的到來！

5G 對傳統金融業的革命性影響

5G 已經步入我們的生活，面對新時代，目前不少金融機構尤其是商業銀行已著手佈局，大膽嘗試，比如建立智慧型銀行網點機構等。5G 對傳統金融的影響將是深刻而又深遠的。比如在信貸供給、經營管理、資金結算、內部風險控制、防範壞賬等方面，都將比 4G（第四代移動通信技術）時代要向前邁進一大步。

一、什麼是 5G

5G 是第五代移動通信技術的簡稱，G 是英文單詞 Generation（一代）的首字母，5G 是繼 4G［LTE-A（長期演進技術升級版）、WiMax（全球互通微波訪問）］、3G［第三代移動通信技術，

UMTS（通用移動通信技術）、LTE（長期演進技術）］和 2G［第二代移動通信技術，GSM（全球移動通信系統）］之後的延伸，是新一代蜂窩移動通信技術。相較於 4G，5G 的技術優越性表現在信息傳輸高速度、低時延、高容量和高安全性等幾個方面。

首先，5G 網絡具有高達 10Gbps（交換寬帶）的上行帶寬和 20Gbps 的下行帶寬，這是 4G 網絡的數十倍。它可以在幾秒鐘內下載完正常大小的電影。其次，網絡與設備之間的端到端通信延遲將從 4G 的 60~80 毫秒減少到不到 10 毫秒，這為需要快速響應的應用（例如自動駕駛）提供了可能。此外，5G 終端連接的數量已增加到每平方千米 100 萬用戶，基站可以同時支持大量的手機和其他終端，為物聯網的發展奠定了基礎。更重要的是，5G 網絡的切片技術可以為特定應用提供獨立、安全的通信路徑和解決方案。此外，傳輸網絡被引入邊緣計算技術，從而提高了對業務的實時響應能力，並確保了更高的可靠性和更好的用戶體驗。

當然，談到 5G，不得不提到應用場景，國際標準化組織 3GPP（第三代合作夥伴計劃）定義了三大場景：增強移動寬帶（eMBB）、低時延高可靠通信（URLLC）和海量機器類通信（mMTC）。在三大場景下，5G 還擁有完全不同於傳統通信的特點，主要表現在：高速度，5G 理論上可以做到每一個基站的速度為 20Gbps，用戶的實際速度也可以達到 1Gbps；泛在網，主要體現在網絡的廣泛覆蓋，也就是只要有人類足跡的地方都有

5G，只要需要用到網絡的地方就有 5G 覆蓋；低功耗，5G 要支持大規模物聯網應用，就必須要有較低的功耗；低時延，舉個例子，在無人手術治療領域，一個指令下達如果存在較長的延時，就可能給病人帶來生命危險，低時延就可以較好解決這類問題；萬物互聯，所有物體都在網上，都是信息的使用者和提供者；重構安全體系，5G 需要更安全的網絡體系和數據信息安全，因此將會對原有的安全體系進行重構。

從全球發展現狀來看，中國將與日本、韓國、美國和某些海灣國家一道，成為 5G 商用的領跑者，並將引領網絡覆蓋進程。GSMA（全球移動通信系統協會）預測，到 2025 年，中國的 5G 連接數量將超過北美和歐洲的總和，位列全球第一，中國的 5G 連接數將達到 4.6 億。此外，5G 對全球經濟的貢獻也將大幅增長，據全球信息提供商 IHS MarKit 預測，2020－2035 年，全球實際 GDP（國內生產總值）將以 2.9% 的增速增長，其中 5G 產業將貢獻 0.2% 的增長，5G 對全球經濟貢獻淨值將有 2.1 萬億美元，相當於印度 2015 年全年的 GDP。

二、5G 將會給傳統金融業帶來巨大變革

互聯網誕生之初，沒有人會想到，互聯網會對金融業產生如此大的影響。互聯網不僅大力促進了金融業的快速發展，還改變了整個金融業的面貌，催生了互聯網金融，P2P、眾籌等新興

互聯網金融產品猶如雨後春筍般湧現出來，使得融資環境得到了優化，融資效率得到了很大提高。特別是 4G 的出現，一場空前的支付變革徹底改變了人們的支付習慣，極大地方便了人們的日常生活。由此可見，現代信息技術與金融業相遇所起的 "化學反應"，不是簡單的二者相加，更不是被動地將信息技術融入金融活動中，而是二者的相互選擇、相互適應、相互滲透，更是融合發展與創造創新的過程。可以預見，5G 的商用對金融業的影響將是深遠的，具有劃時代的意義。

1. 金融服務的遠程化和虛擬化促使金融業轉型升級

在 5G 低時延、高可靠性的保證下，先進的人工智能技術將被廣泛用於移動金融領域。形成基於生物識別技術、高安全級別的身份認證的金融支付的整體方案。諸如面部識別、聲紋識別、虹膜識別等無感支付將被廣泛普及。無感技術的應用不僅簡化了用戶操作並改善了用戶體驗，而且還能提供更安全的金融交易。此外，業務流程與交易過程也將進一步自動化，支付功能將在更深層面實現業務流與資金流的整合，為支付產品創新性融入物聯網應用場景奠定基礎。

在 4G 移動網絡下，由於網速限制和相關配套技術還未發展起來，只有少部分金融業務開始轉向虛擬化。如今，銀行進行實名身份認證，已經不需要消費者帶著身份證到銀行網點，與銀行櫃台小姐面對面，只需要通過手機，打開銀行 APP（應用程序）

對著手機攝像頭與遠端的銀行服務工作人員進行交流互動，通過機器人像識別系統對身份證與本人進行對比，經過人工輔助判斷，就可以輕鬆地完成身份的實名認證。在 5G 時代，高速的信息傳輸功能和低時延操作，將突破現在的技術瓶頸，金融業務將向更深、更廣的領域延伸。

2. 現有的銀行營業網點可能被取代

觀察當前的銀行營業網點不難發現有以下特點。從客戶人群角度看，主要是中老年客戶，他們對新科技、新技術接受能力慢，不能輕鬆自如地操作智能手機，只能到營業網點去辦理金融業務。從金融機構提供的服務來看，主要是提供相對複雜的業務，比如開戶銷戶、融資借款、投資理財、各類金融產品諮詢，而簡單的存取款業務、轉賬業務已經交給智能終端了。當 5G 金融普及以後，人們隨時隨地都可以享受到與目前的人工網點相同的服務，虛擬已經十分接近現實，未來任何金融業務都可以通過智能終端辦理。

當前，智能手機之所以讓老年群體難以完全熟練操作相關功能，關鍵是技術的智能化還不夠，信息科技水平遠未達到不同客戶的要求。5G 時代，萬物互聯相連，家庭裏的每一件物體都可能是一個智能終端，具有自動記錄信息的功能，自動將該物體的使用情況以及周圍的情況上傳到雲端，再經過分析加工儲存，隨時等候信息使用者調用。假如一位老人忘記了自己的銀行交易密碼，他完全不用到銀行人工網點去辦理密碼掛失和重置業務，只需對著自己常用的智能終端，也許是一根拐杖，告訴自己的需求，智能終端便可以將 "重置密碼" 這個訴求傳遞給銀行，銀行得到這個信息後，通過雲端和大數據分析，可以用最便捷的解決方法，幫助老人完成密碼的重置。在這樣的新環境下，老人不用去掌握信息技術，而是智能終端自動根據老人的個性需求，輕鬆地完成，滿足各種金融活動。

3. 放貸業務與投資理財可能通過智能終端在虛擬世界完成

一些複雜的金融業務目前仍需在現實中完成，這也是營業網點存在的價值。比如發放貸款，絕大多數環節都需要借款人與貸款人面對面交流，才能確保資金安全。而這種趨勢也正在朝著無人化邁進，比如一些金融機構推出的刷臉貸款。未來，隨著 5G 的普及，放貸業務完全可以在虛擬世界完成。比如，一家小微企業需要一筆貸款用於固定資產投資，該企業向銀行申請貸款。在現有信息技術條件下，銀行對企業信息的掌握非常有限，首先會讓企業提供合適的擔保物，並派調查人員去企業了解情況，考察企業的財務制度是否健全、財務狀況是否良好、法人代表的信用狀況如何、道德品質如何以及管理制度是否完善，並考察企業的經營狀況、產品的銷售狀況等。最重要也是最關鍵的，還要仔細查看擔保物的狀況、價值、所有者狀態等信息。即使經過這一套複雜的流程，也不能保證銀行會授信給這家小微企業，銀行花費了大量精力，企業也做足了準備，但這筆資金能否及時發放到賬，依然是個未知數，因為銀行需要對調查結果進行綜合分析和層層審批。最後的結果，也許是企業擔保物不符合銀行放貸條件，進而被拒之門外；也許會因為放貸流程時間太長，錯過了最好的投資機會，企業已經不需要該筆貸款。而在 5G 普及後，物聯網將如同現在的互聯網一樣，能夠實現信息共享和終端互聯，不同的是終端範圍擴大，信息的使用者不僅局限在人，還擴展到物。物聯網上的每一個物體都不是單一孤立的個體，而是與其他物體緊密相連，既是信息的使用者也是提供者。

當企業發出融資需求時，銀行便可輕鬆地通過大數據分析，知道該小微企業的生存狀態，並且是全方位的。即便想親身感受企業的氛圍、文化，甚至企業一草一木的氣息，也不用親自到企業去體驗，只需利用 AR（增強現實）技術，一個 "現實" 的企業便呈現在眼前，輕鬆實現遠距離 "近感覺" 地與企業老闆、員工對話。當然，貸款擔保物也無須現場調查，只需通過物聯網調取相關數據，就會知道抵押物詳細的信息數據。假如抵押物是一棟房子，不光是房子的地理位置、修建時間、建成時間、房子結構這些常規信息，還有關於房子的每一個細小信息，比如房子的任何一塊磚產自哪裏、誰運輸來的，以及房子住過什麼人等信息都能查到。當然這些海量的信息一定不會讓人工分析，銀行通過大數據分析就會精確地判斷出抵押物的價值。從企業提出貸款需求到資金到賬，銀行只需要在虛擬的環境下花很短的時間就可以完成，極大地提高了銀行的服務效率和資金的使用效率。當然，銀行對企業貸款資金的使用狀況以及企業後續的風險狀況，都能通過發達的信息網絡輕鬆控制和掌握。

5G 對金融的影響遠遠不只上面列舉的兩個例子，還有更廣範圍的影響。"5G＋大數據＋人工智能＋投資理財"會解決很多人的理財煩惱，客戶不需要請私人理財顧問，更不需要去金融機構的網點諮詢，銀行可以為每個人提供線上的 24 小時智能投資理財服務、私人訂制理財服務，根據客戶的性格偏好，進行個性化、科學的理財服務。"5G＋大數據＋人工智能＋各類金融服務"將會對金融服務產生一場深刻的變革，這場變革既是金融業的一次大升級，也是金融業的一次大轉型。金融業將從以提供人工服務為主的產業，變成以提供科技服務為主的產業。

4. 金融業的競爭格局將被改變，投機者將逐漸消失

5G 時代，將是萬物互聯的時代，信息的獲取和搜集將會變得異常便捷。西方經濟學理論認為，一個完全競爭的市場交易雙方掌握的信息是完備的，也就說市場上的每一個買賣者都可以無成本地隨時獲得，或掌握與自己的經濟決策有關的一切信息，特別是市場上的價格和供求關係信息。換句話說，銀行可以掌握每一個客戶的所有信息，客戶也可以輕鬆掌握所有金融機構的信息，因為有智能終端提供信息決策服務，所以可以清楚地知道金融機構可提供的資金價格。證券投資者可以知道每一種有價證

券在過去任何時點的價格，以及證券背後的企業和資產狀況，通過大數據和人工智能的分析，準確得出未來價格。這將是一個難以想象和令人嚮往的狀態，市場中的信息非常充分。可以預見，5G 將會使金融業的競爭更加充分和自由，是一個接近完全競爭的市場。

當然，要實現上述目標，必須滿足的條件是所有金融企業的科技實力均等。因此，5G 時代，金融業將迎來一場科技力量的較量，誰掌握了先進的信息科學技術，誰將立於不敗之地。如今，一場史無前例的金融業變革即將來臨，這場變革將會使科技實力薄弱、趕不上時代發展的金融機構被無情地淘汰，最終留下了科技實力強悍的金融機構。這些金融機構能夠在市場上充分獲得信息，形成一個競爭充分的市場。金融機構要想獲取超過平均水平的利潤，必須避免開發同質化的金融產品。因此，金融產品的創新能力將會得到充分釋放，5G 時代將是一個金融產品異常豐富的時代。

從金融機構交易對手的角度看，由於信息充分並且可以採用大數據、人工智能，人們對金融產品價格的判斷將非常準確，而且是普遍性的，也就是"你知，我知，天下盡知"的狀態，金融市場上每一個投資者將近乎知道所有信息。換句話說，5G 時代投機者將失去投機機會。眾所周知，投機者往往依靠優先掌握信息牟取暴利，而在 5G 時代，信息對每個人都是均等且充分的，通過投機獲得收益的機會微乎其微。在股票市場上，散戶、

小股民將告別被 "割韭菜" 的悲慘命運，股市將不會出現瘋狂漲跌，金融產品將更多回歸本質屬性，金融的資金融通功能將會得到更好的發揮。

5. 金融去中心化，金融機構扁平化

5G 時代，人們獲取金融服務更加便捷，線上將替代線下，虛擬將替代現實，這些技術特徵將使得金融業的地理分佈狀態徹底改變。第二次工業革命後，形成了以英國倫敦為金融中心的全球金融格局；互聯網誕生以後，特別是 4G 技術的普及，全球金融中心呈現多級化趨勢，上海、北京、紐約、香港、深圳、倫敦、法蘭克福、巴黎等城市均成為全球金融重鎮。5G 時代，金融的可獲得性更加容易，金融機構設在何處並不影響業務的開展，只要當地有完善的通信基礎設施，就可以為世界上任何角落的金融需求者提供同等的金融服務，無須像之前那樣，金融機構扎堆聚在一起形成一個金融中心。因此，未來的金融服務將會覆蓋更多地方，大型金融機構不僅只有紐約、北京、上海才有，更多的中小城市或地區也有望成為金融重鎮。

與此同時，在 5G 時代，金融機構內部也將發生巨大變化，層層設立的分支機構將失去作用。人工網點將被取代，絕大多金融業務都可以實現線上辦理、遠程操控，過去以人工為主的多層機構模式將很難適應時代發展，金融機構的管理將變得更加扁平化。因此，5G 在金融業廣泛應用後，所有金融用戶可通過線上

與金融機構（總部）取得聯繫和辦理業務。比如螞蟻金服，只需在杭州設立機構即可，全國所有用戶都可以享受其金融服務。當然，5G 時代，金融機構線上提供的金融服務是如今的螞蟻金服無法企及的。金融機構內部組織架構的扁平化可以有效降低管理成本，減少內部信息傳遞的衰減，更有利於提高金融機構內部管理效能。

總之，5G 對金融業的影響將是革命性的、深層次的、深遠的，不僅表現在金融形態和業務內容上，更體現在金融內涵和管理結構上，可以大膽預測，金融與 5G 的融合，將不再只有金融，而是內涵和外延更加豐富的 5G 金融，甚至可以說，金融業一個新的時代——5G 金融時代，呼之欲出。

5G 金融的概念及特徵

現代金融的發展離不開信息技術的進步，每一次信息技術的革命都推動了金融業的發展和金融業形態的豐富。從電報匯款到如今的手機轉賬，資金實現了更加快捷、方便、安全的跨區域流動。如今，股票市場、外匯市場、債券市場通過快速信息傳播渠道，較好地實現了全球信息的共享，使全球金融市場能夠連成一片，使得資金可以像空氣一樣無間隔對接和流動。無論你身在何地，都能輕鬆通過各種信息渠道了解到當下的金融信息動態，並可對全球的金融市場一覽無餘、了然於胸，足不出戶便可實現對全球金融市場各種金融產品的投資，自由選擇自己喜歡的投資品種，實現金融投資目標的準確化和金融投資收益的最優化。

要實現這一切，只能憑藉越來越先進的金融科技。當前高度發達的現代金融業，就是由日新月異的科技推動的。尤其是，現代金融的變革與發展更離不開信息技術的革新，沒有高度發達的信息技術，就不可能有高度發達的金融服務。今天，外匯市場、股票市場、債券市場等能夠在資金融通、資金流動中發揮如此重要的作用，完全得益於飛速發展的科技信息技術。從某種意義上講，是現代信息技術造就了日趨豐富的金融業態，成就了無數金融人的夢想，揚起了投資者的理想風帆，鑄就了無數金融帝國的大廈。

試想，如果我們現在的科技信息依然停留在幾千年或者幾百年前，資金的跨區域流動還在依靠 "銀票" 來作為載體傳遞價值，或者只靠肩扛手提笨重的金屬貨幣，那麼金融的作用範圍、作用能力、作用幅度等都將受到極大的制約，對經濟生活影響的深度和廣度都將受到極大的限制，現代金融業所擁有的一切都將是不可想象的。正是隨著電波時代的到來，使得資金跨區域流動向數字化轉移邁開了關鍵的一步，由此，金融的作用和功能才被不斷放大，人們的金融活動變得日趨便捷。

當人類的腳步邁入新千年以來，藉助迅猛發展的互聯網技術，金融業發展獲得了巨大的 "核動能"，特別是隨著移動互聯技術的普及應用，也就是信息技術進入 4G 時代，使得金融業更加認識到科技信息技術的重要性，行業發展獲得了更多機會，為人類獲取更多金融服務提供了巨大的想象空間。

不過，即便科技不斷進步，從無線電波時代，到移動通信的 1G 時代、2G 時代、3G 時代及 4G 時代，全球各國始終沒有以移動通信的代際來命名金融業，比如 1G 金融、2G 金融、3G 金融、4G 金融，雖然如今有互聯網金融的全稱，但這也只是一個比較籠統而寬泛的概念，並沒有專門指出金融業在新時代的全部內涵，只是單獨指出了金融的一種新形態、理財平台或金融服務方式，離完全意義上的高品質金融服務、異常發達的金融服務模式和高享受的金融服務產品等還有較大的差距。

正是基於這些原因，截至目前，全球金融界依然沒有找到一種以移動通信的代際來單獨冠名的金融形態，形成一種被人們廣泛認可的金融獨特形態，這不能不說是當前全球金融行業發展中的不足，或存在的一大遺憾。

從目前來看，有些熱詞更多流於喧囂。以互聯網金融為例，雖然互聯網金融不再只是人們口中的一個詞語，而是金融領域的一個專業詞彙，不少高校追時髦，開設了互聯網金融專業，成為金融專業下面的一個子專業，對莘莘學子產生了一定的吸引力；也有不少高校和專業機構成立了互聯網金融研究機構，還有政府層面及民間組織組建了類似的研究機構，從表面上看，搞得熱火朝天，然而，很多只是表面上看起來熱鬧，其實並沒有觸及科技信息技術及金融業互相產生 "化學反應" 的根本。

　　不過，值得注意的是，互聯網金融能夠獨成一家，並激起了業界及民眾的強烈興趣和好奇，除了有傳統的以 PC（個人計算機）為終端賦予的巨大功勞之外，也有 2G、3G、4G 移動終端的貢獻，讓互聯網金融得到茁壯成長。可惜的是，即便如此，互聯網金融仍未能取得冠名金融的"特權"，在專業的金融詞彙中更沒有 2G 金融、3G 金融和 4G 金融的稱呼，業界對其也沒有形成普遍的認同感，人們的口語中也很難見到以移動通信代際來命名金融名稱的做法。

　　直到 5G 的出現，我們將 5G 和金融結合，創新性地提出了"5G 金融"的概念，也許有人感到不解，之前一直沒有 2G 金融、3G 金融、4G 金融的提法，為何現在要提出 5G 金融這個概念呢？這正是本書要解答的關鍵問題，為了讓人們對 5G 金融這一全新概念有一個全面深入的了解，同時對 5G 金融的內涵、本質及意義有全面而深刻的認識，我們將對 5G 金融的概念及特徵進行獨家解析。

一、5G 金融的概念

　　5G 金融，通俗地說就是 5G 移動通信技術與金融業深度融合，徹底改造和創造新的金融監管理念、金融發展模式、金融產品、金融場景、金融服務及金融發展方向，使得金融業的服務能力得到最大限度的擴展，並激發高效能的服務效率和低成本的服務潛能，從而讓金融向著與社會、與企業、與個人更加和諧的方向發展。

那麼，我們為何要提出 5G 金融這個新概念呢？主要是基於如下幾方面的考慮。

首先，提出 5G 金融概念，包含著對 5G 金融的肯定和對 5G 金融的美好嚮往，尤其堅信 5G 時代將對金融業產生深遠的、革命性的影響，並將給廣大金融消費者帶來比 4G 時代更加豐富多彩、絢麗奪目的金融生活，讓人們對未來金融業帶來的全新金融服務產生美好的神往。

其次，5G 金融代表著全新的信息技術與金融業的深度融合，以嶄新的姿態展示在世人面前，行業部分領域更會出現顛覆性的變革，甚至讓人們對金融產生新的理解，重新定義金融業，賦予其全新的內涵，這一切都是以往的金融業不敢想象的。

最後，5G 金融的誕生恰逢其時，大數據、人工智能等先進科技力量將與 5G 金融產生化學反應，改變傳統金融在人們心中的舊有印象，為人們打開全新的金融世界。

儘管如此，我們對 5G 金融的認知仍要保持客觀理性。5G 金融本質上依然是金融，仍然擔負著價值流動的使命，只是在完成價值的跨時間、跨空間流動中更加有效，手段更加豐富，形態更加多姿。

之所以做出這個判斷，是因為以下幾點原因。一是在 5G 金融中，5G 是信息傳輸的手段和方法，實質是金融利用 5G 先進的技術手段，更好地服務於金融的發展，促進金融不斷創新。二是 5G 金融並沒有改變金融的本質屬性，可以簡單地概括為，以 5G 信息技術為載體或者傳輸手段，提高現代金融服務的效能，並由此催生的一切金融新業態、新金融產品以及新的金融生活方式，都可以稱之為 5G 金融。三是 5G 金融是 5G 信息技術與金融業的相互融合，是金融業將 5G 技術全面運用和貫穿於金融行業及社會金融生活的各個方面，其相互融合的深度和廣度將是系統性的、全面性的、深刻性的。但並不意味著，金融業在與 5G 信息技術的 "婚姻" 中，會全面喪失其原有的功能和作用，淪為 5G 的附屬品。同時，也不能簡單地理解為 5G 技術在金融領域的應用，而是 5G 技術使得金融業內部發生了根本性的突破或嬗變，使金融業獲得了全方位的進步與發展，不斷從低級形態走向高級形態，不斷激發出金融行業的巨大潛能，為全社會提供更高效、更實惠的金融服務，使得金融業更加適應社會經濟的發展和民眾生活的需要。

二、5G 金融的七大特徵

金融是人們在不確定環境中進行資源跨期的最優配置決策的行為。在 5G 金融時代，這種不確定的環境將變得更加確定，信息交流溝通更加充分，能夠有效解決諸多信息不對稱問題，以及由此產生的大量交易費用。我們知道，5G 具有高速度、泛在

網、低功耗、低時延、萬物互聯、重構安全體系等六大特點。每
個特點都將深化和影響金融業的多個方面，並推動金融業發生各
種深刻的變革，使得金融業不斷滿足人們更加豐富多彩的需要。
概括起來，5G 金融主要有以下七個比較明顯的特徵。

1. 資金配置效率更高

金融的重要使命和功能就是對資金進行有效配置，使得金
融實現使用效率的最大化和最優化。目前，最新科技雖然在這方
面發揮了較大作用，在有效配置資金方面的作用也越來越大，但
由於受到科技自身發生迭代不夠快的影響，資金配置遠遠沒有達
到最佳狀態，由於受到行政及人為因素干預，導致大量金融資源
配置到了不該去的地方，比如 "兩高一剩" 企業（高污染、高耗
能及產能過剩）及僵屍企業。雖然政府一直在持續認真治理，但
問題仍然沒有完全解決，這些企業依然佔據了大量金融資源，使
得中國信貸資金總體質量不高，不僅加大了不良信貸資產，也累
積了較大的金融風險，同時這也是中國企業總體金融槓桿率過高
的重要原因。

而在 5G 金融時代，由於其低時延、高速度及萬物互聯等功
能將應用於金融業，將幫助金融業實現 "全副武裝"，具有更強
大的金融預判力和戰鬥力，將使金融對資金的配置作用發揮到極
致，也能夠對不良的金融行為進行有效抑制，並始終確保金融業
運行在健康軌道上。尤其是，5G 金融時代能使金融資金配置省

去很多中間環節，直接將資金送到需要 "支援" 的目的地，實行資金的高效快速流動，讓資金發揮出更大的效益，推動金融資源在全社會各需求主體之間合理流動。例如，現在我們把全社會的融資方式簡單地劃分為直接融資和間接融資。直接融資主要通過資本市場、企業債券等方式進行融資，減少了大量的中間環節和融資成本；間接融資主要是以銀行為信用中介進行資金供需的間接匹配，由銀行根據自身掌握資金的能力及社會各經濟主體需求狀況進行匹配。可以預見，5G 金融時代，由於金融監管部門及金融機構信息高度對稱，能夠讓企業之間、企業與金融投資者之間的信息實現無障礙共享，未來以金融業間接融資的行為將走向幕後，並且佔據的比例將不斷萎縮，最終可能退出歷史舞台。屆時，直接融資將得到迅猛發展，資金供需匹配將實現精準對接，而且直接融資的方式也將不再拘泥於股票、債券、P2P 等形式，而是產生新的直接融資方式，在新方式下，資金的供需雙方直接對接將更加頻繁，比如企業直接向居民發行理財產品等，投資者完全可根據透明的企業信息決定是否購買，並願意主動承擔購買的風險。值得一提的是，由於發展了科技信息技術，使全社會金融投資信息實現了高度對接，閒置的社會資金將最大程度、最大範圍被充分合理利用，資金需求將得到更大程度的滿足，人們金融投資的效益有可能獲得最大化。

2. 交易成本更低

無論是 1G、2G、3G 還是 4G 時代，雖然金融業的服務效率不斷提高，金融服務成本也逐漸降低，使普惠金融能力得到較大的提高，但距離金融業自身發展的要求及民眾對金融業的需求還有相當長的距離，尤其全社會獲得金融服務的成本仍然較高，企業及金融消費者無論是直接融資還是間接融資，都需要付出較長的時間成本、資金成本，甚至是 "金融腐敗" 成本，這也是民眾對金融服務詬病較多的原因之一。

客觀來說，造成這種狀態並非金融業所願，金融業的願望是通過不斷完善金融服務模式、創新金融服務、開拓金融服務市場，獲得更多的金融資源，既能給客戶提供滿意的金融服務，讓自己在獲得發展的同時，又能不斷提高自身社會服務形象和美譽度。然而，所有這些美好的願望對金融業來說，仍然是難以企及的美好夢想，而阻撓金融業實現美好夢想的最大障礙，就是金融科技信息技術的滯後。比如，目前各級政府及行業主管部門都極力倡導普惠金融服務，而且金融機構也深知普惠金融服務的巨大意義和作用，但苦於相關技術落後，暫時無法將所有普惠金融需求者與金融服務的能力及方式進行全面匹配，實現普惠金融需求與供給的平衡。

可喜的是，隨著 5G 金融時代來臨，可最大限度地將 5G 技術的萬物互聯功能運用於金融服務，金融行業的信息搜集能力將得到大幅提高，金融信息搜集的範圍也將獲得無限拓展，有效金

融信息也將獲得更加充分的利用，金融服務信息與金融需求信息
不對稱的難題將得到有效破解，金融交易成本也將大幅下降，從
而極大地增強服務實體經濟的能力。比如，未來企業上市融資變
得更加簡單，完全可由企業根據自身的經營情況、資金需求狀
況、資金風險控制能力等，直接向投資者融資，金融監管部門只
需負責制定規則、指導和監督即可，完全不用像現在這樣要走很
多複雜而煩瑣的程序，可以節約時間成本、降低融資企業成本。
尤其在普惠金融服務中，由於萬物互聯功能的使用，使得金融機
構可對所有需要提供普惠金融服務的企業或個人進行市場細分，
根據不同的金融需求狀況提供定制化、個性化的普惠金融服務方
案，提供批量化的金融服務，形成普惠規模優勢，最大限制度地
節約普惠金融成本，實現金融機構提供普惠金融服務成本與普惠
金融使用者支出成本的"雙低"。

3. 風險可控性更強

眾所周知，金融業一直是高風險行業，因為金融機構是高
負債經營，自身沒有足夠的"自有資金"，所擁有的資本金與負
債相比，佔比極低。按照《巴塞爾協議Ⅲ》的資本要求，2018
年底中國銀行業系統重要性銀行的核心一級資本充足率、一級資
本充足率和資本充足率不能低於 8.5%、9.5% 和 11.5%，其他銀
行不能低於 7.5%、8.5% 和 10.5%。截至 2017 年末，中國商業銀
行核心一級資本充足率為 10.75%，一級資本充足率為 11.35%，

資本充足率為 13.65%，較 2016 年底均略有上升。目前，商業銀行的資本充足率整體水平高出監管最低標準 2~3 個百分點。儘管如此，與其巨額的負債相比，資本充足率仍顯過低，是典型的靠"借債"吸收金融投資者的錢來進行經營的，也可基本理解為一種"無本生意"。所以，商業銀行對風險是比較厭惡的，都希望追求無風險經營。

要實現無風險經營，將經營風險控制到最小，尤其是要消除經營過程中有可能累積的金融風險，防範區域性、系統性金融風險的發生，在 5G 金融時代極有可能實現。得益於 5G，金融業的風險防控水平將大大提高，金融業的風險防範現狀也將大為改觀。通過 5G 的萬物互聯及泛在網功能，可讓金融監管部門及金融機構提高發現金融風險的能力，重新認識自身經營不規範的行為。更重要的是，5G 可讓金融機構對金融風險信息的掌握更加全面，對風險信息的抓取更加迅速和靈敏，再藉助大數據分析，幾乎可以做到對客觀風險進行精準、量化或定性的判斷，並及時和實時實施干預，將風險化解在萌芽狀態。尤其是，5G 可將構建安全體系的功能運用於金融業，可使金融業在金融風險控制模型構架、金融風險預警機制構建等方面建立起強大的"防洪大堤"，將有可能發生的金融風險有效阻擋在大門之外。

4. 金融服務更加便捷

金融業的終極目標是，在確保資金安全的條件下，實現金融資源的高速流轉，實現金融資金配置或利用效率的最優化，從而達到經營利潤的最大化。作為企業，金融機構的這些目標本身是無可厚非的，也是天經地義的，但金融機構實現這些目標的前提條件，必須要做到金融服務更加便捷、場景更加豐富，如果金融服務無法滿足社會經濟發展需要，尤其是企業及個人消費者的需要，那麼金融機構所追求的一切永遠是難以企及的夢想。

或許有人認為，4G 時代及之前的金融服務並沒有那麼便捷，銀行等金融機構不是照樣賺得盆滿缽滿，銀行躺著賺錢的日子也維持了較長時間，這是否說明銀行不需要改進和提高金融服務的便捷性和效率性呢？並非如此。過去銀行賺錢很容易，主要靠的是政策，尤其是存貸款利差政策，讓銀行穩賺不虧，而隨著存貸款利率保護機制逐漸被打破，趨於市場化，銀行之前的很多優勢將逐步喪失，如果這些金融機構意識不到問題的嚴重性，不及時果斷地提高服務效率，可以預見，一定會被市場淘汰出局。

而且，金融消費者現在已充分感受到了金融服務便捷性的好處，只要帶著一部手機，大多數交易都能輕鬆搞定。而在過去，這是不可想象的，無論是轉賬還是匯款都要去銀行辦理，購買東西都要使用現金。而在 5G 金融時代，金融的服務更加便捷，將突破現有領域，滲透到金融生活的方方面面，尤其線上服務將成為未來金融服務的主流，金融服務的便捷性將超過以往任何時期，金融業服務將進入一個無所不能、無所不在的 "萬靈" 時期。

5. 金融的普惠性更明顯

過去，金融機構在普惠金融的服務方面耗費了不少精力，也取得了一定的成效，但相比民眾對普惠金融服務的需求還有很多 "供給" 缺口。究其原因，是金融科技信息未能跟上普惠金融普及與需求的速度，而且金融機構在普惠方式上還比較落後，使得普惠金融總體處於粗放經營狀態，精準化、定製化服務遠遠不夠，耗費成本過高，並且沒有抓住普惠金融服務的靈魂，使得普惠金融服務陷入了費力不討好的局面，嚴重制約了普惠金融的全面、快速推廣。對此，金融機構渴求新的科技信息技術賦能，能夠在普惠金融服務中 "神力" 大增，使得普惠金融服務簡單高效和低成本化。

5G 金融時代，金融機構在普惠金融服務方面的上述願望將得以實現。因為藉助 5G 的萬物互聯、高速傳輸及泛在網等功能特點，使得金融機構在普惠金融服務的信息抓取上具有得天獨厚的優勢，能夠輕鬆消除普惠金融供需信息不對稱的矛盾，根據服務對象主體的需求，提供定製化服務，讓每個主體的金融需求都能得到精準的開發和評估，做到 "一對一" 的、多樣化的金融服務，不再是簡單地依照金融需求的主體資格提供金融服務。如此一來，小微企業、社會金融弱勢群體的不同金融服務需求便會得到很好的滿足，使其真正成為普惠金融服務的受益者。

6. 金融對科技的依存度更深

之前，科學技術雖然在推動金融業發展過程中起到了較大的作用，但在金融業主要以傳統業務為主的時代背景下，很多環節靠手工操作就能完成，金融業對科技信息的敏感度不高，對科技信息的依存度也處於中性水平，遠未達到高度融合的狀態。直到 4G 時代，金融業處於由傳統金融業向現代科技金融業的轉軌階段，金融業對科技信息的依存度有所增強，金融業也日益認識到科技信息對自身發展的重要性，特別是金融脫媒的程度日益加劇，憑藉科技信息崛起的新興金融業態，如 P2P 平台、現金貸等不斷湧現，對傳統金融機構的存貸款、中間業務等形成了前所未有的挑戰，為了應對這種挑戰，各金融機構紛紛成立了科技信息部門，專門負責開發新的金融服務模式與研發新的金融服務產品，由此，金融業的科技信息水平大幅提高，競爭力得到加強，產品不斷豐富。

隨著 5G 金融時代到來，將迫使金融機構投入更多的精力和資源進行新產品的研發，也會促使金融業與科技的融合達到前所未有的程度，金融對科技的依賴程度將大幅提升。同時，也將促使金融業對信息技術的要求不斷提高，尤其在資金安全和風險防範方面。

7. 金融交易場景更豐富

5G 金融時代，科技信息技術在給金融業帶來豐厚回報的同時，也必將推動金融服務場景進一步美化、亮化和優化，給金融消費者帶來更高品質的服務體驗，讓金融機構與金融消費者產生良性互動，為金融業開闢更廣闊的空間、營造有利的環境。

這一點，人們的感受是十分明顯的，在科技信息相對落後的 1G 和 2G 時代，金融消費者需要到營業廳辦理業務，看到的、接觸到的都是幾個鮮活的服務員工，根本沒有便捷的自助式服務和其他金融信息，一切都要向工作人員諮詢，如果工作人員心情不好，服務態度差，金融消費者還得受氣。而到了 3G 和 4G 時代，金融場景完全不可同日而語了，在營業大廳有電子信息展示屏，滾動播放存貸款利率、理財產品、金融政策等信息，還增加了自助服務設備。最近幾年，金融機構不僅提供了手機銀行、手機炒股等服務，還引入了大堂機器人，金融服務的場景日趨豐富。

到了 5G 金融時代，由於泛在網、萬物互聯、低時延等功能全面應用於金融業，金融的服務場景也將更加豐富和美化。未來，消費者不用到銀行營業大廳就可辦理貸款業務、購買理財產品等，只要有移動網絡覆蓋，比如在賓館、咖啡廳甚至遠離城市的郊外，都可以輕鬆進行很多金融消費活動。

真正破解“融資難，融資貴”難題

總體來看，5G 賦予了金融業新的經營管理特徵，使金融業在資金運籌、信貸投向、服務方式、服務方向等方面將產生新的革命性變化，這些變化集中在服務實體經濟的效率性、信貸支持判斷性、上市融資把握性、保險擔保適時性等方面，能從根本上打通金融機構與企業之間信息不完全對稱的障礙，實現金融服務和融資需求的信息通暢化和透明化，最終成為破解企業“融資難，融資貴”的利器。

眾所周知，金融最核心的功能就是實現資金的融通，讓資金跨時間、跨區域自由流動。信息科技的飛速發展，讓資金跨區域流動越來越便捷。特別是隨著移動互聯網的飛速發展，以支付寶、微信支付、雲閃付為代表的移動支付極大地改善了資金的跨區域流動，只需一部手機便可輕鬆完成支付，不用攜帶現金，既快捷又安全，這是過去人們難以想象的事情。時間倒退幾百年，人人都攜帶著十分沉重的貴金屬——如金幣、銀元去購買東西，極為不便，也非常不安全。特別是要購買大件的物品時，還需要專人負責押送銀錢。近代以來，隨著電的發明和紙幣的普及應用，在一定程度上解決了現金攜帶笨重的困難，實現了資金跨區域的快速流動。信息技術的高速發展，對資金流動的影響較大，4G 網絡催生了第三方支付，讓人們踏上了信息科技的高速列車，也推動人類實現了接近極致化的支付便利。不過，信息科技對支付的影響仍在繼續和深入，5G 金融時代，必將把金融的跨地域融通推向極致，而且，科技信息推動金融業向前發展的趨勢也會繼續下去。

雖然資金的跨區域流動在信息技術的幫助下已經基本滿足

了人們的需求，但金融另一個重要的核心功能──資金和財富的跨時間流動，依然有許多問題亟待解決。

什麼是資金和財富的跨時間流動？舉一個簡單的例子，有人想買一套房子，但沒有足夠的錢，於是他想從銀行貸款，每月支付住房抵押貸款，這樣他就可以擁有自己的一套房子。這就是一個簡單的資金跨時間轉移的模型，購房者通過銀行貸款，將未來的資金折現到當下滿足自己的住房需求，銀行通過貸款將資金轉移到未來，每月收取住房抵押獲得穩定收入。這就是大家非常熟悉的銀行信貸。金融機構發放貸款，借款人從銀行借來資金滿足自己的消費或者生產需求，巧妙地實現了資金跨時間流動。當然，資金和財富在時間軸上的流動還有很多形態，也是現代金融較為核心的業務，比如投資理財、信託、保險等。

在眾多資金跨時間流動的形態中，融資是最常見的形態，也是最重要的形態。融資簡單地講就是如何獲得資金。然而，自金融誕生以來，"融資難，融資貴"一直未得到很好的解決。回顧人類金融的發展史，從某種意義上講就是借貸人和放貸者進行互相博弈的發展史。值得欣喜的是，金融的出現和發展改變了人類的經濟環境，儘管道路充滿艱辛曲折，但仍會繼續破浪前進。尤其是現代金融業飛速發展，隨著融資渠道的多元化以及金融產品的不斷豐富，人類早已告別了只有"高利貸"的時代。如今，銀行、證券、保險、信託、租賃等各類金融業態層出不窮，融資渠道已經十分豐富和通暢，人們解決融資問題也有了多種多樣的手段。儘管如此，"融資難，融資貴" 依然在很多國家、在一定範圍內存在，尤其在農村經濟不發達地區和中小微企業，"融資難，融資貴" 的形勢仍然十分嚴峻。

一、"融資難，融資貴" 是一個跨越千年的歷史性難題

金融的起源和融資是分不開的。勞動的分工和產品的剩餘產生了交易，交易催生了貨幣的誕生，同時產生了最原始的借貸。初期的借貸活動，可能只是糧食、牲畜的借貸，隨著貨幣的使用，借貸從實物借貸擴展到金錢借貸，借貸更加常見和方便。近代在巴比倫和亞述出土了楔形文字的泥板，泥板上記載了公元前 3200 — 公元前 1600 年的借貸活動，從這些借貸活動中可以看出，當時的借貸主要是實物借貸和金錢借貸。泥板上記有借貸的金融、利率水平，還有借貸雙方擔保人的簽章，這可能是人類歷史上留傳下來最早的借貸合同。

借貸活動有效地促進了資金的流動，有力地推動了社會的專業化分工。但在當時那個物質極度匱乏的時代，"融資難" 的問題普遍存在。早期的信貸業務主要服務有錢人和王公貴族，普通百姓是沒有借貸資格的。當然，也有小部分銀行願意貸款給農民或者普通手工業者，但需要借款人以土地和貴金屬做抵押，而且利息畸高，違約還要承受非常嚴厲的懲罰，有可能淪為奴隸或者被處死。公元前 1000 年左右，希伯來遊牧部落定居迦南，由

於戰亂頻發，很多借款人因無力償還債務而淪為奴隸，債權人可要求借款人為期六年的勞役償債。

正是因為借貸一開始就烙上了人性的貪婪和自私，在漫長的人類文明進程中，從事借貸生意不太受人尊敬。限於當時的生產力發展背景，以及貧富差距較大和物質極度匱乏的雙重矛盾，"融資難，融資貴"既是現實無奈的選擇，也是人性的選擇。雖然人類並沒有對這種選擇坐視不管、放任自流，但從制定法律制度的強制措施到宗教的靈魂控制，再到哲人、文學家等社會力量的強烈譴責和無情鞭撻，依然沒能使問題得到很好的解決。這些做法違背經濟金融的客觀規律，未能認清問題的本質原因，只是從法律或道義的層面出發，將經濟問題完全社會化，顯然與解決問題的方向是背道而馳的。

世界上第一部比較完備的法典——大約頒佈於公元前 1776 年的《漢謨拉比法典》對借貸行為做了嚴格的規定，從貸款發放、放貸方式、擔保模式到債權債務管理，再到利率如何定價，都有較為明確的法律條文。該法典制定的穀物貸款利率上限高於白銀貸款，穀物貸款年利率最高為 33.3%，白銀貸款年利率為 20%。該法典對特殊情況下的利息或本金給予了減免，例如法典第 48 條和第 52 條規定，在遭遇旱災或水災的年份，農民可以不用歸還本金或利息。法典還規定，放貸者若收取超過規定的利息，債權將無法保障，這和中國發佈的《最高人民法院關於審理民間借貸案件適用法律若干問題的規定》中規定的利率受保護區間有些類似。

早期羅馬的《十二銅表法》中，直接將最高利息定為年息12%。英王亨利八世於 1542 年頒佈了《反高利貸法案》，允許貸款合法收取 10% 的利息，然後在 1624 年將利率降為 8%。中國漢代以後，對高利貸利率管制便形成了正式的法律規定。《漢書》中就有諸侯因放貸取息過高而受到處罰的記載。以後各代王朝，不論是正式的法典，還是平時的詔令、文告等，對高利貸利率均有規定。

站在滌蕩人類靈魂的制高點，宗教更是對 "高利貸" 進行了嚴厲禁錮。基督教一直反對高利貸，在基督教的末日審判中，高利貸者是貪婪、無恥和自私的，死後將要下地獄、變魔鬼，基督教用死後將得到懲罰的方式告訴人們，金錢是萬惡之源，高利貸者將不會有好下場。基督教成為政教合一的國教後，金融借貸更被暴力踐踏，常常以國家法令法規的形式禁止借貸行為。公元789 年，法國加洛林王朝第一任國王丕平和他的宮相查理·馬特頒佈了世俗信貸禁令。公元 800 年，查理曼大帝將信貸禁令擴展到世俗社會。在法蘭克王國頒佈的《普遍訓誡》中，禁止世俗社會有息信貸成為政治策略，高壓措施變本加厲。1179 年，天主教會宣佈不允許為高利貸者安排宗教葬禮。1311 年，教皇克雷芒五世宣佈放貸收息是異教行為，廢除所有允許利息的法規。16世紀，法國出台了大量高利貸禁令，並鼓勵人們告發，一旦被確認從事高利貸將會受到繳納白銀 100 斤的處罰，屢教不改者，將會被開除基督教教籍。

　　文化裏挾著道德對高利貸進行了無情的批判和鞭撻。在基督教的深刻影響下，西方文化對借貸行為的接納也顯得異常艱難，文學作品中常常對 "高利貸者" 充滿鄙夷和不屑，通過故事和情感的渲染，讓高利貸者站在了正義和道德的對立面。著名的 "文藝復興三傑" 之一的但丁，在其作品《神曲》中對高利貸者進行了刻薄的挖苦和嘲諷："脖子上掛著錢袋子，裝飾著五顏六色的掛件，滿眼都是飢餓。" 著名戲劇作家莎士比亞在其作品《威尼斯商人》中將貪婪、無恥、吝嗇的猶太商人夏洛克刻畫得活靈活現，在借款人安東尼奧無法還貸時，夏洛克讓其按約定割下自身一磅（約 0.45 千克）肉。這種突破人性底線的 "高利貸者"，既是莎士比亞心中的高利貸者，也在影響著人們心中的高利貸者形象。中國的傳統儒家思想提倡重農抑商，高利貸者一直都是奸商的代表，一定是自私、貪婪、市儈、唯利是圖的。借貸在中西方傳統文化中都未得到認可，放貸往往被視為欺詐、貪婪的不道德行為。

　　無論是法律以理性強制約束人們的借貸行為和限制高利率，還是宗教以極端做法禁止借貸利息，或是文化以春風化雨一般影響和引導借貸，都未能真正解決 "融資難，融資貴" 問題。相反，宗教、文化以提倡資金的極致的 "惠"，抹滅資金佔用的時間價值，在一定程度上阻礙了金融的發展。

二、當下仍面臨 "融資難，融資貴" 難題

回顧金融發展歷史，可以發現，"融資難，融資貴" 跨越千年，一直是金融發展需要解決的本源問題，儘管過程艱難曲折、充滿挑戰，但總體上是朝著解決金融之普（融資難）和解決金融之惠（融資貴）方向發展的。就當下經濟金融發展環境來看，"融資難，融資貴" 主要發生在兩個領域：一是從貸款主體上看，主要是中小微企業和社會金融弱勢群體；二是從地域來看，主要體現在農村地區的產業和項目上。

中小微企業及社會金融弱勢群體 "融資難，融資貴" 並非只有中國才有，這是一個世界性難題，全球經濟學家和金融專家都在致力於研究破解此難題，但至今未能找到比較有效的辦法。經濟金融實踐者也試圖通過不同路徑探索，制定相關政策，尋求解決問題的癥結，依然收效甚微。農村領域的融資問題在全球依然普遍存在，儘管極少數國家已經得到有效解決，但大多數國家的農村依然遭受著 "融資難，融資貴" 的煎熬。孟加拉國的經濟學家穆罕默德·尤努斯創立了格萊珉銀行，通過發放小額信貸較好地解決了孟加拉國農村地區的融資問題，但這種做法和經驗在其他國家大多以失敗而告終，這說明有些普惠金融措施具有明顯的地域性特徵，不具有普遍推廣性。

無論是中小微企業、金融弱勢群體還是農村領域，出現 "融資難，融資貴" 的根本原因，都是信息不對稱導致的風險可控性

較低和缺乏擔保物。

　　首先，資金供給方無法準確有效地獲取資金需求方的相關信息。中小微企業大多沒有健全的財務制度，無法通過財務報表將企業財務信息及時精準地傳遞給資金供給方。同時，中小微企業往往不具備完整的公司治理結構，經營時間相對較短，內部管理隨意性較大，這導致金融機構對小微企業的信任度不夠，加上貸款企業的歷史數據搜尋困難，中小微企業的融資門檻自然會大大提高。

　　其次，中小微企業往往缺乏有效的擔保抵押物。因為當前金融機構大多以擔保抵押物作為信貸融資的保障品，所以許多企業只能望而卻步。農村地區同樣存在獲取貸款人信息成本較高的問題，一方面由於農村地域廣闊，居住較為分散；另一方面由於農村的管理較為鬆散，掌握貸款人信息需要花費大量時間，而且還難以得到準確有用的信息。同時，農村產業項目受自然災害天氣的影響大，抗風險能力弱；加上保險機構對農村產業保險風險的厭惡，使農村產業項目基本處於“裸奔”狀態，缺乏足夠的風險保障措施，而各級政府在農村產業項目風險擔保機制以及風險補償機制構建方面處於落後或空白狀態，一旦遇到天災人禍，極有可能“顆粒無收”。另外，農村產業經濟普遍缺乏擔保物，金融機構為規避風險會選擇不輕易放貸，為補償風險會提高貸款利率。中小微企業和農村地區的貸款需求主體除了難以提供可靠的抵押物品，也難以找到合適的擔保人。農村的資產變現能力弱，市場價格難以評估，難以成為滿足金融機構條件的抵押物。最為嚴重的是，農村產業受市場波動影響大，增產不增收，"穀賤傷農，穀貴傷民"的價格週期性怪圈始終成為農村產業頭上驅之不散的"陰魂"，使農業產業項目效益低下，銀行金融機構不願輕易涉足，這些都是中國農村產業經濟一直處於落後狀態的根本原因。

最後，中小微企業、社會金融弱勢群體和廣大農村地區的融資渠道十分狹窄，幾乎都困在銀行融資這座獨木橋上。而大型企業融資渠道多樣，由於自身實力較強，銀行願意借款，即使不從銀行融資還可以通過發行債券、上市等途徑融資。中小微企業融資渠道有限，在面對金融機構時，議價能力較弱，缺乏足夠的話語權，只能被動接受較高的融資利率，使"融資難，融資貴"成了難以治癒的頑症。

三、5G 金融有望破解"融資難，融資貴"難題

"融資難，融資貴"問題的根本原因是信息不對稱，這正是5G 金融時代亟待解決和能夠解決的問題。此前，資金的供給方無法獲得貸款人真實全面的信息，為了規避風險，不得不提高融資門檻和融資價格。5G 金融則可以利用超強的信息傳輸能力，讓資金供給方和需求方順利實現信息的溝通與共享，準確高效地完成雙方信息的匹配，從而降低交易成本，規避可能發生的潛在風險。

1. 5G 金融可為破解 "融資難，融資貴" 難題提供技術支撐

由於 5G 金融將充分利用 5G 的萬物互聯、泛在網以及低時延等功能，使金融機構能夠通過這些技術和功能準確掌握轄內或更大範圍內有信貸需求的中小微企業、社會金融弱勢群體、農村地區客戶，並通過準確定性來對其有效融資需求進行定性分析，得出是否放貸、利率多少適合的判斷，有效解決 "融資難，融資貴" 的技術性難題。

2. 5G 金融可為破解 "融資難，融資貴" 難題提供風險保障

由於 5G 金融充分利用了 5G 重構安全體系等功能，對中小微企業、金融弱勢群體、農村弱勢產業建立科學的融資計量模型，通過這個計量模型對有信貸需求的客戶進行精準篩選，將可以進行融資的客戶全部納入服務範圍，提供及時的融資服務，破除融資難題。同時，通過萬物互聯、泛在網、信息高傳輸功能，準確發現融資過程中或融資之後的風險苗頭，及時採取有效止損措施，從而將融資風險控制到最小，從根本上降低金融機構的融資風險。

3. 5G 金融可為破解 "融資難，融資貴" 難題提供判斷標準

5G 金融充分利用 5G 的萬物互聯、低時延功能，能夠對所有有融資需求的客戶進行準確的判斷，通過儲存的融資客戶信息，分析判斷出誰是真正的融資需求者，誰是虛假的融資需求

者，從而分別採取有所區別、靈活有效的融資措施，使真正需要融資的客戶得到合理滿足的服務，而將那些不需要融資的客戶或者惡意的融資行為阻擋在大門之外，充分實現金融資源的高效合理配置，讓金融資源的 "陽光" 曬向真正需要融資的客戶，有效破解 "融資難，融資貴" 怪圈。

4. 5G 金融可為破解 "融資難，融資貴" 難題提供政策導向

5G 金融時代，金融機構憑藉先進的科技手段，長出 "順風耳" 和 "千里眼"，能夠對有融資需求的客戶的動機、行為進行準確畫像，幫助監管部門提供決策參考，並出台鼓勵講信用、守法紀的融資需求者可優先融資的政策措施，讓有融資需求的客戶樹立 "講信用光榮，不講信用可恥" 的融資氛圍，有效淨化社會融資生態，消除金融機構放貸的種種擔心，使客戶的合理融資需求得到及時、有效的滿足，從而為全面破除 "融資難，融資貴" 奠定堅實的政策基礎。

第二章

5G 對傳統金融業的改造途徑

對傳統金融業的產品、流程
和模式進行改造

隨著 5G 的誕生並走入人們的日常生活，引發了一場巨大的科技信息革命，不亞於在移動通信領域釋放了一枚"原子彈"，將激發出巨大的社會潛能，為工業製造、商業流通、進出口貿易、交通旅遊和文化影視等無數行業帶來革命性影響，為傳統產業注入"強心劑"，突破這些產業以往未能克服的許多發展瓶頸，為社會經濟發展提供強有力的"助推劑"。更為重要的是，5G 與金融發生化學反應後，必將使整個金融業的經營理念、經營方式、經營行為、經營目標、風險控制模式、盈利能力等方面出現新的變化。

簡而言之，5G 將成為金融業原有經營管理模式的"掘墓人"和新的經營方式的"拓荒牛"。可以預見，5G 對銀行、證券、保險等傳統金融業態的影響將是深刻的。一方面，5G 會對傳統的金融業態進行改造升級，催生新的金融業態，淘汰落後的金融業態。如同 P2P、第三方支付等新興金融業態從無到有，並迅速崛起，在影響和改變傳統金融的同時，也讓部分舊的金融形態日漸式微，最終被歷史塵封。另一方面，5G 也將深刻影響金融服務的模式和內容，改變金融的管理方式和經營管理思維，使金融業的經營理念不斷向開放包容發展，使金融服務模式不斷由低級向高級轉化，使金融盈利能力由過去全面撒網式的"廣種薄收"向精準扶持式的"廣種廣收"方向轉變，使金融普惠能力由現在的粗放式向精細化轉化。

隨著 5G 金融時代的到來，金融活動將融入人們生活的方方面面，比如在商場購物、在咖啡館喝咖啡、在酒店住宿、在農貿市場採購農副產品、外出旅遊、出國留學等，都將通過 5G 的萬物互聯功能，實現與金融機構的高效對接，使人們在享受生活服務的同時，將金融消費服務輕鬆搞定，即日常生活與金融活動的界限不再那麼明顯，而是"你中有我，我中有你"。

那麼，5G 將會對傳統金融業進行怎樣的系統性改造呢？下面一一進行深入剖析。

一、5G 對銀行業的改造

目前，中國銀行業機構龐大，從業人員數量較多。據中國銀保監會發佈的銀行業金融機構法人名單，截至 2018 年 12 月底，中國銀行業金融機構數達到 4588 家，較 2017 年末增加 39 家。此外，還有貸款公司 13 家、農村資金互助社 45 家、外資法人銀行 41 家、信託公司 68 家、金融租賃公司 69 家、企業集團財務公司 253 家、汽車金融公司 25 家、消費金融公司 23 家、貨幣經紀公司 5 家、其他金融機構 14 家。截至 2019 年 2 月 11 日，登記在冊的全國銀行物理網點有 22.86 萬家，全國銀行機構就業員工約為 380 萬人。

對於銀行業而言，隨著 5G 與雲計算、人工智能等技術的快速融合，有望在以下幾個方面為銀行業的創新發展賦能。

1. 極大地提升銀行業服務效率

隨著社會發展和科技進步，銀行業的服務效率、服務質量、服務水平也不斷提高，為金融消費者帶來了很多的實惠和便利，但不少銀行機構迄今仍然沒有擺脫服務環節多、流程複雜、效率低等窠臼，不僅使銀行機構發展受到了較大的影響，也讓民眾獲得金融服務的成本居高不下。尤其是，一些邊遠落後地區由於信息不通暢，成為金融服務盲區，不少民眾辦理存貸款業務要跑到幾十公里甚至上百公里外的銀行基層網點，時間成本和交通成本較高。而將 5G 應用於銀行業之後，這些問題都能得到破解，銀行業的服務效率能得到前所未有的提高，服務範圍得到廣泛延伸。因為 5G 設備向遠程服務器發送命令並獲得回覆所需的時間將從 4G 時代的 50 毫秒降低到 1 毫秒以下，對銀行而言，可以大幅縮短支付、匯款、產品購買的交易時間，使金融消費者大幅降低時間成本和交易成本，不用出門就能享受比現在更好、更安全、更快捷的銀行服務。與此同時，銀行的服務效率得到極大的提高，銀行服務的範圍得到大幅拓寬，經營盈利能力也大大增強。

2. 極大地簡化業務流程

過去，銀行業在拓展金融業務活動時，由於受限於科技信息技術限制，也為了防範業務風險，業務流程鏈條顯得冗長複雜。比如，商業銀行在發放一筆貸款時，從貸款需求企業（人）提出申請，到商業銀行信貸人員深入企業現場調查、信貸人員收集資料提出初步貸款意向，再到商業銀行貸款審查組集體討論決定是否放貸，簽署同意貸款意見後，如果數額較大超過權限，可能還要讓上級銀行審批，最後這筆貸款才能發放到貸款企業（人）手中。完成業務流程的時間短則一個月，一般兩三個月，長則半年都不一定能走完流程。煩瑣的貸款業務流程，不僅使商業銀行在放貸中無法做到靈活自如，也容易喪失良機，影響商業銀行效益，更容易讓貸款企業（人）陷入無望的等待。而 5G 可連接海量、多樣、關聯的信息數據，可顛覆傳統的各類材料準備、審核模式，為銀行提供實時、高效、精準的業務支撐，使企業（人）提出申請到銀行發放貸款，會省略很多中間審批環節，因為一筆貸款提出來之後，通過 5G，商業銀行所有參與貸款決策的人員及上級機構審核人員能夠實現同步審核，大大縮短貸款審核時間，商業銀行在處置貸款時能夠更加靈活機動。

3. 極大地優化客戶交互模式

過去，由於受限於科技信息技術的發展程度，在開展各類業務與推進過程中要了解是否適合市場、是否適合金融消費者的需求與習慣，往往要通過市場調研和網絡問卷調查，才能得出一個基本結論，並且銀行與客戶之間的信息交互相對滯後，無法及時掌握金融消費者的需求動態及金融市場發展動態，使銀行機構在創新業務時成了"兩眼瞎"，最終提供的服務也難以讓消費者全部滿意，甚至因為提供的金融服務脫離了金融消費者的實際需求而廣遭詬病。5G 時代，銀行機構與客戶之間的交互模式將發生的深刻變化是，金融科技公司將研發出大量智能化設備，比如智能機器人等，銀行可為客戶提供遠程諮詢、智能語音交互等優質服務，使銀行與客戶之間的溝通暢通無阻，銀行可及時掌握客戶的需求、意見或建議，第一時間改變自身不足，快速提高自己的服務質量、效率和水平。尤其是，5G 與 AR、VR（虛擬現實）等技術融合，銀行機構可提供場景浸入式服務，將日常消費場景引到客戶身邊，為客戶提供無邊界服務，實現銀行服務與客戶需求的無縫對接。

4. 極大地促進信貸業務及產品創新

過去，銀行機構雖然在銀行信貸業務及產品方面有所創新，推出了一些有針對性的信貸業務模式和信貸服務品種，對提高企業和社會大眾的信貸服務可獲得性做出了巨大貢獻，但所有這些與社會對銀行信貸業務及產品創新的現實需求仍有較大差距，甚至銀行信貸業務的發展也遇到了瓶頸。比如，在當前背景下，銀行信貸到底該向何方發展？銀行信貸產品創新的重點應該在哪裏？這些問題不僅讓銀行管理者感到頭痛，也更讓相關業務陷入了徘徊不前甚至萎縮的邊緣。而在 5G 時代，銀行機構可通過萬物互聯等功能特點，搜集海量、多態、多維、強關聯屬性的大數據，及時掌握企業和個人的資產信息、生產經營狀況等動態數據，解決目前信貸業務數據的準確性和稀缺性問題，進而基於商業共識推出信貸業務新模式，在信貸業務的探索和信貸產品創新上放手大幹，為信貸需求者量身定制匹配的信貸服務模式和信貸產品。最為重要的是，以前有的資產不能作為銀行貸款的抵押物，未來這些資產能否成為抵押物將變得很簡單，因為各經濟參數與個體之間可以隨時建立聯繫，通過雲端數據中心，利用 VR 技術模擬現場就能達到現場調查的效果，銀行調閱信貸需求者所需的時間大大縮短，效率大幅提高。

5. 極大地促進和改造支付業務與中間業務

眾所周知，過去銀行給客戶辦理支付業務及中間業務主要通過線下方式進行，時滯影響明顯。而且，這對銀行拓展中間業務也帶來了較大的制約，使銀行中間業務基本停留在發行理財產品、充當所謂財務顧問等簡單的方式上，並未在代客理財、投資顧問等方面真正發揮作用。而 5G 與金融業高度融合之後，必然會對銀行業的支付業務及中間業務帶來深刻的影響和變革。一方面，銀行支付業務不再依靠線下營業廳辦理各種匯款、轉賬業務，也不再依靠銀行卡及其他第三方支付機構提供的支付業務，而是將所有的支付業務由線下向線上轉移，利用 5G 的低時延等特點，實現銀行機構之間、銀行與客戶之間、客戶與客戶之間支付業務的自主化、自助化，使資金轉移實現無間隔化和高速化；另一方面，銀行中間業務不再局限於原來那些創新不足、活力不夠、品種單一的模式，尤其是一些並不提供實質性中間服務的 "假中間業務" 將退出歷史舞台，使銀行中間業務真正名副其實，回歸本源，由此，不僅可推動銀行中間業務迎來黃金發展期，還可使銀行中間業務成為無所不包的 "金融超市"。

二、5G 對保險業的改造

　　保險業是金融行業的重要組成部分，隨著人們保險意識的增強，保險金融服務在社會經濟發展以及人們的日常生活中發揮的作用越來越強。幾十年來，保險業為社會經濟發展、民眾減少財產損失等方面做出了重要貢獻。保險產品的分類較細，比如財產險方面就有企業財產保險、家庭財產保險、農業保險、信用保險、工程保險等。

　　隨著社會經濟不斷發展，人們對保險需求不斷擴大，需要的保險產品也不斷豐富，而受限於科技信息技術的發展步伐，保險業在很多領域仍處於滯後狀態。比如，在農村重大自然災害保險方面，目前仍裹足不前，不利於農村的產業經濟健康發展。而5G 時代的來臨，也將使保險業出現一場深刻的變革。5G 對保險業的改造將體現在如下方面。

1. 保險業的經營理念將發生巨變

萬物互聯是 5G 時代的顯著特徵，這一特徵將賦予保險公司前所未有的數據獲取能力，同時無處不在的感應器，將改變保險機構風險管理的思維方式，給保險業注入更多創新活力，推進傳統保險經營模式轉型。可以預見，在產品研發、定價、銷售、投保、核保、理賠以及防災防損等環節，都有巨大的融合創新與應用空間。

2. 保險業的經營模式將發生改變

由於 5G 具有高帶寬、低時延的特性，傳統保險業的銷售和服務模式將發生很大變化。未來，保險機構的門店將逐漸消失、絕大多數業務將轉移到線上，尤其在引入人臉識別、遠程面簽、VR 等技術後，保險業的經營模式將更加智能化和人性化。

3. 保險業的經營效率將大大提高

5G 可為查勘定損提供強大支撐，從而大大提升經營效率。比如，從事農業保險的保險公司在進行災情查勘或定損時，可通過連接 5G 網絡的無人機或遠程設備，快速識別農險客戶的受災情況，為農戶提供及時精準的賠償。

4. 社會保險需求將不斷擴大

4G 改變生活，5G 改變社會，隨著 5G 深入影響各行各業，更多新的保險需求也將不斷被市場激發出來，保險公司將獲得新的發展機遇。比如，5G 應用到健康領域後，遠程會診、遠程手術、自動駕駛等過去只停留在概念階段的設想將逐步成為現實，這些新的場景將催生大量新的保險需求。

5. 保險產品將出現更多的創新

5G 還將推動保險產品的形態發生變革。以車險為例，未來，基於 5G 的無人駕駛技術廣泛運用，將推動原有的車險產品向無人駕駛汽車的產品責任險和 5G 的網絡風險保險等方向轉變，隨著大量創新產品出現，保險產品形態的轉變將成為一大趨勢。

三、5G 對證券、信託、租賃及互聯網金融等產業的改造

限於篇幅，5G 對證券、信託、租賃及互聯網金融等產業的改造這裏只做簡要闡述。

一是，5G 的萬物互聯及泛在網功能，將使證券業的發展空

間急劇擴展，獲客能力大為增強，不用再像現在這樣，派出大量的客戶經理到處拉人開戶。屆時，可以根據客戶的資金實力、風險偏好等信息，向意向性客戶提出有針對性的、個性化的開戶建議。對股票投資者來說，可以有海量的應用場景供自己選擇。而且，股市信息將變得更加透明，所謂的內幕信息將大幅減少，過去那種追漲殺跌、盲目跟風的現象會明顯減少，中小散戶只能充當"韭菜"的格局或成為歷史。最為重要的是，監管部門可利用5G，對欺詐上市、財務造假等資本市場的亂象做到及時發現和查處，有利於從源頭上淨化資本市場生態環境，保護廣大投資者的利益。

二是，5G 將會加快信託公司數字化財富管理的建設，推動信託公司積極構建新的資金端和業務端發展模式，信託公司對新產品的研發能力、管理能力、營銷能力、風險管控能力等均得到大幅提升。隨著服務效率提高，服務更為透明、更能滿足不同客戶的需求，信託業將更加深入人心，相關機構成為真正"受人之託、代人理財"的專業金融公司。

三是，5G 運用於租賃業，可讓出租人與承租人之間的信息更加透明，實現租賃業的公平公正，減少行業風險，尤其可減少各種欺詐租賃行為，使租賃業始終運行在健康可持續發展的軌道上。

四是，5G 運行於互聯網金融，將對以 P2P 為代表的互聯網金融帶來深刻且前所未有的改變。具體來說，監管當局可利用

5G 萬物互聯等功能特點，及時發現 P2P 平台的經營情況及可能存在的問題，防止發生資金被轉移挪用等現象。尤其是，還可嚴把 P2P 准入關，將一切心懷不軌的 P2P 平台擋在互聯網金融行業的大門之外。同時，合法經營的 P2P 平台也可充分利用 5G 發現不同風險偏好的客戶，為其匹配相應的產品，做好資金撮合，避免欺詐風險，提高行業的經營效益和抗風險能力，為普惠金融事業做出積極貢獻。

賦能第三方支付更加多元化

近年來，隨著 4G 網絡的快速發展和智能手機的普及，高速無線網絡滿足了用戶對移動帶寬和實時性的需求，為用戶帶來了良好的在線移動支付體驗，帶動了第三方移動支付蓬勃發展。

目前，移動支付已經覆蓋了中國絕大多數城鎮，基本取代了長期存在的現金交易和銀行卡交易，人們延續了千百年的交易習慣，在較短的時間內發生改變。對於當下的中國民眾來說，智能手機、微信、支付寶已成為生活日常中不可或缺的一部分。依託日新月異的先進科技和龐大的市場需求，移動支付已經滲透到民眾生活的方方面面。

令人自豪的是，依靠穩定的 4G 網絡基礎設施和體量巨大的市場，中國的移動支付已經站在引領時代潮流的位置。說起移動網絡支付，自然繞不開大名鼎鼎的支付寶和微信。可以說，支付寶、微信等第三方移動支付平台已佔據全球金融科技的制高點。那麼，人類社會進入 5G 時代之後，將會對支付寶等第三方支付的功能、場景帶來哪些變化呢？

據《新京報》2019 年 8 月 29 日報道，支付寶相關負責人介紹，在公交、地鐵、高速、單車等出行場景，支付寶服務用戶數已達 4 億。據《深圳特區報》2019 年 3 月 26 日報道，微信支付月活躍用戶已達到 8 億以上。此外，據艾瑞諮詢發佈的 2019 年第一季度中國第三方支付季度數據報告顯示，第一梯隊的支付寶、財付通（含微信支付）分別佔據了 53.8% 和 39.9% 的市場份額。

支付寶和微信等第三方支付為人們帶來了極大的便利，讓人們感受到了科技的魅力，但人類追求美好生活的步伐不會就此止步，就在人們還沉浸在 4G 技術帶來的快樂之中時，5G 時代悄然來臨了。

在 3G 和 4G 時代，移動支付經歷了一個從無到有、從單一到聚合發展的過程。從早先的密碼支付、條碼支付、POS（銷售終端）支付、指紋支付，再到二維碼支付、刷臉支付，支付所需時間越來越短，效率大幅提高，但受限於基礎設備和網絡速度，仍存在不少瓶頸。而在 5G 時代，虛擬現實、雲計算將不再受網絡帶寬和時延的限制，數據傳輸、存儲和計算功能可以極快的速度從本地轉移到雲端，人們的體驗更加貼近現實，VR、AR 的應用將為支付提供更加豐富的數據決策輔助和更加真實的場景體驗。

一、支付方式日趨多樣化

在 2G 時代之前，支付業的發展是從以電話 POS 機和有線 POS 機為代表的離線 POS 機開始的，當時的 POS 機通信都是通過電話線傳輸的，偶爾有極少的移動 POS 機，是身份的象徵，價格異常高昂。2G 時代需要安裝 POS 機，需要連接電話線和電源線，使用前調試半天，在使用過程中會經常遇到無法支付的情況，因為通信信號不穩定，所以支付效率很低。人們一直在為提高支付效率而不懈努力，互聯網支付的雛形也在這一時期開始萌芽。雖然還不成熟，但是與傳統的現金支付相比，早期的電子支付算是一大進步。

3G 時代，通信效率得到提高。同時，移動 POS 機的批量生產，使成本有所降低，於是移動 POS 機的商戶數量不斷增加，加之央行開始發放支付牌照，電子支付交易出現爆炸式增長，這一現狀令當年的支付機構和銀行喜出望外，中國移動 POS 機的普及率不斷提高，讓世界各界羨慕不已。

此後，隨著科技的迅猛發展，互聯網支付也飛速發展，保險公司和電子商務平台選擇與第三方支付公司合作，只需付出很少的接入費，即可省去許多麻煩。當時，支付公司壟斷了這類業務，銀行和合資企業不能參與，後來出現了 "斷直連"（指第三方支付機構切斷之前直連銀行的模式，接入網聯或銀聯）。

4G 時代，其網絡速度是 3G 的幾十倍。4G 催生了新的商業形態，直播、短視頻、掃碼支付、移動互聯網紛紛崛起，4G 改變了人們的生活方式。出門不帶錢包，隨時掏出手機掃一掃已經成為人們的習慣，"4G 網絡 + 二維碼 + 智能手機" 的組合取代了現金支付領域，掃碼支付成為主流。

5G 時代，新技術將催生出更加豐富的生活和支付場景，進而衍生出更加多樣化的支付方式。隨著大量智能化設備應用於支付中，通過人臉識別、聲音識別等方式進行支付將成為現實。可以預見，5G 時代的每一種商品都將配備傳感器，所有的商品均可互相傳遞信息，無人值守、自動創建採購訂單的超市將大量進入人們的日常生活，基於 5G 高速傳輸和區塊鏈的分散化技術的實施，將大大減輕銀行和支付公司之間數據交換的壓力，支付的效率和可靠性也將進一步提高。

二、二維碼支付將退出歷史舞台

從 2G 時代到 4G 時代的支付發展過程中，真正改變人們支付習慣的是二維碼支付。它似乎在一夜之間就嵌入我們的日常生活，衣食住行、吃喝玩樂樣樣都少不了它，再加之支付寶、微信兩大巨頭的對壘，大樹下面幾乎 "寸草不生"。

二維碼是一個將商品的價格、商戶的賬號等信息彙編成記錄數據的圖形符號。目前，二維碼是第三方支付的主要方式。這種方式能夠大行其道，主要得益於 4G 網絡和智能手機的普及。

二維碼支付最先在日本、韓國等國家出現並流行，這種支付技術比較成熟，方便快捷，而且成本也較低，加之中國的人口規模優勢，所以在其被引入中國後，很快受到大眾的青睞，一時間全國各地，甚至最偏遠的角落都能看到二維碼。

然而，二維碼在為人們帶來方便快捷的同時，也存在安全方面的隱患。這是因為，二維碼可以作為支付碼，也可以作為信息傳播載體在移動互聯網上快速廣泛傳播，為使用者帶來巨大的應用安全風險和信息安全風險。比如，因為二維碼承載內容具有不直接可見的特徵，容易被不法分子盯上，成為病毒木馬、釣魚網站的傳播新渠道。

如今，二維碼支付已經十分普及，但是移動支付領域最大的難題仍然是安全和信任問題。盜卡、亂扣費、支付欺詐、非法融資、捲款跑路等亂象嚴重影響了用戶使用移動支付的信心。不過，隨著 5G 時代的到來，支付企業可以將 5G 技術與雲計算、大數據、人工智能、VR 等結合，提前識別和預防可能的交易風險，避免用戶資金流失。可以預見，5G 應用之後，新的更加安全的支付方式將出現，而存在安全隱患的二維碼支付將退出歷史舞台。

三、刷臉支付將大行其道

2019 年 4 月中旬，支付寶推出了 "蜻蜓" 第二代刷臉支付終端，在會議現場，1000 台機器 10 秒內被搶光。據官方數據顯示，僅兩天訂單就超過 10000 台，幾天後，"蜻蜓"二代的庫存就已售罄，這是支付方式變革顯示出的巨大威力。就刷臉技術而言，中國目前處於應用的前沿，底層技術也在加速發展，人臉識別技術可以極大地提高生產效率、降低成本，還可以帶來新的互動體驗。

隨著 5G 與人工智能的深度融合，刷臉支付在 2019 年得到快速發展。據統計，未來的人臉識別市場規模將保持 20% 左右的增長速度。在 5G 時代，由於網絡傳輸效率的大幅提高，高清攝像機將得到廣泛應用，在任何場景中，多維攝像頭都會採集消費者的面部特徵和行為特徵，通過人工智能上傳到雲端，對數據進行過濾和分類，然後存儲數據。由於高清圖像佔用了很大的空間，服務器基本上只保留關鍵片段。對刷臉支付來說，相機根本不需要對準臉部，它可以進行遠距離識別。基於快速發展的移動通信技術，5G 時代，刷臉支付將大行其道。

那麼，刷臉支付與掃碼支付相比，有哪些優勢呢？

第一，支付更加方便。傳統的掃碼支付需要取出手機，打開應用程序，點擊掃碼頁面，確認支付；刷臉支付只需成功識別用戶面部即可完成支付。

第二，場景數量急劇增加。除了傳統的線下商店外，電子商務網站也可以用刷臉替代二維碼，可以採用刷臉支付的場景將急劇增加。例如，刷臉支付交通罰款、公交無卡刷臉乘車等。

　　第三，大幅降低交易成本。刷臉支付只需安裝一部攝像頭，POS 機、收銀機甚至人工服務等均可被取代，為支付企業和用戶節約大量成本。

　　第四，更加安全可靠。4G 時代，曾出現不少二維碼被盜刷的情況，5G 時代，由於加入面部識別等更多生物驗證方式，支付的安全性將大大提高。

四、第三方支付將迎來顛覆性重構

　　近年來，移動支付、中國高鐵、共享單車和網上購物被稱為中國"新四大發明"。5G 的網速比 4G 快 100 倍，5G 意味著更高速、更廣泛的連接，這意味著人類將逐步進入萬物互聯的時代，這將為移動支付帶來更多的想象空間。4G 時代，已經有了物聯網的概念，但並未真正發展起來，原因就在於網絡傳輸速率、設備容量、安全性等幾個關鍵方面均未達到要求。而 5G 時代，物聯網將真正迎來爆發式發展，並滲透到第三方支付領域。舉一個例子，未來，電線杆、水管乃至家裏的馬桶都會裝上感應器，成為智能交互終端。你回到家，走到家門口，打開門的一瞬間，家裏所有的電器設備開始正式自動工作。你洗臉時，面前的鏡子將對你的面部進行掃描，然後把數據上傳到雲端，健康管理系統會立即分析有無健康問題。如果有健康問題，會為你提供健康報告。如果需要購買藥品，與你銀行賬戶相連的手機支付系統會發出扣費提示，經你確認後，即可完成支付。

物聯網要求物與物、物與人、人與人徹底互聯，在 5G 時代，隨著物與人的聯繫更為緊密，不再受時間和空間的限制，網絡支付將更加優化，支付場景將更加智能化，對消費者的保護將更加全面可靠，目前以支付寶為代表的第三方支付的格局將迎來顛覆性重構。

重塑傳統金融業的日常業務

回顧 3G、4G 時代，移動通信技術的發展已經對金融業產生重要影響，作為一項重要的基礎設施，一直在為金融業的發展提供技術支撐。甚至可以說，每一次通信技術的迭代都具有重要意義，為人類社會的發展和各項事業都帶來了巨大變化，也成了社會進步和人民生活水平不斷提高 "加速器"。

具體來說，在 3G 時代，智能手機開始逐步普及，移動金融服務開始起步。到了 4G 時代，由於通信領域的基礎建設大面積鋪開，人工智能、雲計算、大數據等技術得到了快速推廣和應用。同時，移動互聯網的發展為互聯網金融的崛起帶來強勁動力，而移動支付、手機銀行等金融服務的實現，讓人們認識到了科技的魅力。隨著 5G 技術的大規模商用，讓人們對 5G 金融產生了新的更多的期待。

對傳統金融業而言，5G 將會重塑日常業務，包括信貸、支付結算、風險控制等方面，從當前實際情況看，5G 對金融業的重塑，將從如下方面產生巨大的威力。

一、極大地提升金融服務體驗

在 5G 時代，網絡時延將減少到毫秒。隨著邊緣計算的應用，現有金融服務流程中的等待感將不復存在，金融服務的速度和質量將超出用戶的想象，用戶的體驗感將大大提高。過去那種"您的交易正在進行中，請稍候"的提示將消失，例如，在日常金融生活中，匯款、購買理財產品、購買基金、股票交易等，將不會出現因網絡較慢而無法交易的情況，這有助於用戶把握最好的交易機會，減少損失，擴大收益。

此外，5G 還可以通過智能手機和可穿戴設備，極大地促進移動支付、手機銀行等金融業務的發展，5G 金融時代，信息傳輸極快，為實時交易提供毫秒級保障，全息投影和虛擬現實等技術將逐步使網上銀行等成為未來金融服務的主流方式，進而全面實現基於互聯技術的多模式虛擬現實和無現金支付。

首先，5G 金融將解決遠程認證難題。如今，為了雙方的金融服務安全，銀行和其他金融機構仍需要客戶親自去現場辦理部分業務。比如開戶，依然需要企業或個人到金融機構營業場地親自辦理，以核驗相關資質證明，按手印，確保是本人無誤。而在5G 金融實地，未來銀行等金融機構可以利用虛擬現實或全息技術，通過立體影像向偏遠地區的客戶提供金融服務，用人臉識別等技術實現遠程開戶驗證，按手印等環節可以去掉，或以其他更加便捷的方式代替，實現開戶的全面線上化。同時，5G 使實時金融服務成為可能，5G 可以在很大程度上縮短空間距離，例如隨著高清視頻和 VR/AR 技術及應用的快速發展，用戶可以通過視頻對話解決信任不夠的問題。這不僅會極大提升客戶金融服務的體驗感和獲得感，還將提升金融服務的普惠性和包容性。

其次，傳統金融業數據採集和財富管理格局將被重塑。5G 金融可以從每個客戶那裏搜集到真實而全面的數據，這有助於銀行和其他傳統金融機構在保護客戶賬戶安全第一的同時，提供更多專業化服務和建議。例如，手機上某家金融機構的智能化私人財務助理可以在用戶想去電影院時，根據用戶之前的觀影偏好向其推薦最新的影片，同時提醒用戶是否已達到每週娛樂預算的限制，如果達到，助理會提供建議，以幫助用戶達到省錢的目的。因此，高速度、低時延的 5G，可以讓金融機構為客戶提供更及時、更準確的服務，以及科學合理的專業建議。

最後，可穿戴設備將滲透到傳統金融領域。5G 金融時代，可穿戴設備將成為移動支付的一個重要渠道。當前，因為價格昂貴、電池續航時間短、不能獨立使用或功能不全等原因，可穿戴設備還未大面積普及，更多地還依賴於指紋的使用，用戶將新掃描的指紋與輸入的指紋進行成功比對之後，才可以使用部分新功能。5G 金融背景下，生物特徵的使用將變得更加複雜和精細，從指紋識別到人臉識別，再到更高級的血管紋理識別、人體氣味識別、DNA（脫氧核糖核酸）識別等，這些新技術的大規模應用和滲透，不但會讓傳統金融行業提供的產品和服務成倍擴大，還會讓未來的金融服務進入無感時代，安全性也更高。比如，一位老人想出去運動，但不清楚自己的身體狀況是否適合運動、運動強度多大最適宜。屆時，他穿的鞋子具有計算心跳、脈搏報數、醫生建議、自動扣費等綜合功能，那麼一切就變得很簡單。老人可根據鞋子這個智能終端，對自己的身體狀況有清晰認識，從而決定採取什麼樣的運動方式，以及運動多久更合適。

二、智慧城市將真正實現

當進入 4G 時代，智慧城市的概念開始出現，國內諸多城市提出要建設智慧城市。所謂智慧城市，是指利用各種信息技術或創新概念，將城市的系統和服務打通、集成，以提升資源運用的效率，優化城市管理和服務，改善市民生活質量。智慧城市體現出 "智慧" 主要是把新一代信息技術充分運用在城市各行各業及管理中，實現信息化、工業化與城鎮化深度融合。顯然，智慧城市有助於緩解 "大城市病"，提高城鎮化質量，實現精細化和動態管理，並提升城市管理成效和改善市民生活質量。事實上，因為技術的發展尚未達到要求，加上制度設計、城市化程度較低等原因，智慧城市目前依然處於初級階段，並未真正實現。

5G 將帶來更快的響應速度和更廣泛的設備連接，完全滿足智慧城市的需求。未來，當 5G 金融也深度融入智慧城市，將全面實現金融服務和公共服務的數字化、便捷化、智能化。比如，銀行等金融機構的賬戶將與居民的水、電、煤氣等終端聯網，煤氣公司的工作人員不必定時去每家每戶上門抄表，而是煤氣公司和居戶通過萬物互聯功能，實現掌握用氣信息和自動繳費；而無人駕駛汽車的數據將實時傳輸到汽車製造廠和保險公司，及時發現和掌握汽車的車況，汽車製造廠和保險公司可以根據這些數據，修正、設計和提供新的產品及服務，把缺陷和風險提前解決。

普通人的日常生活，包括吃喝玩樂，其實每時每刻都與金融活動緊密相連。因此，當最基本的金融需求實現了智能化時，"智慧城市" 才會真正實現。

三、無人服務將大面積取代傳統網點

5G 時代，金融與 5G 的深度融合將迸發出更多火花，無人服務等方式將大量出現，大面積取代依靠 "人海戰術" 進行競爭的物理網點。比如，無人銀行可以以 5G 為基礎，將人工智能、生物識別、物聯網、全息投影、虛擬現實、大數據等新技術應用於客戶識別、互動體驗、展示銷售、業務管理等全程服務，建立遠程支持平台，提供遠程服務。這種銀行不再需要有人值守，或需要的工作人員極少，可輕鬆實現業務管理、遠程指導、遠程審計的"無人化"和"自助化"。

例如，一旦客戶進入無人銀行網點，門口的攝像頭就可以通過人臉識別技術識別客戶的基本信息和財務信息，然後智能機器人就立即提供引導服務，就算是對最新科技不熟練的老年客戶，機器人也可以一步一步引導辦理，而不必排隊等候。

四、傳統徵信行業將發生巨變

商鞅變法中，"徙木立信"的故事告訴我們信用的重要性。在傳統金融業務中，個人信用報告已經成為金融機構判斷客戶信用的重要標準。不過，目前的傳統徵信依然存在不少問題，比如數據不全面、不及時，而且獲取成本比較高。更為重要的是，金融機構看到的傳統徵信報告，一般是客戶"過去"幾個月甚至更長時間的表現，而非實時信息。換句話說，金融機構據此評估，顯然存在信息不對稱的風險。比如，目前人民銀行出具的徵信報告以月為單位，如果某人一個月徵信沒有任何問題，而幾天前卻產生了嚴重的徵信問題，但金融機構並未掌握這一信息，向其放貸，可能存在較大的風險。

隨著 5G 的發展，金融機構可以通過萬物互聯的技術特徵，及時掌握個人的信用情況，然後通過大數據對其歷史徵信以及財務情況進行分析，從而得出是否可以放貸或放貸額度多少。根據低時延等新技術得出的信用報告，將避免一些人利用信息有較長時延的漏洞，向金融機構騙取貸款的非法行為，凸顯信用的經濟價值，提升全社會重信用、講誠信的良好風氣。

五、防控金融風險的新模式將湧現

在萬物互聯的 5G 時代，各種傳感器將隨處可見，金融機構可以根據自身需要，在商場、便利店、車站等公共場所，甚至在企業和個人客戶的家裏設置傳感器，以隨時採集生產經營信息，通過對實時、海量和多種形態的客戶數據的分析，金融機構可以識別客戶的風險，進行更有效的風險監控，這將使金融機構防控風險的能力實現質的飛躍。在此基礎上，銀行、證券、保險、租賃、投資等傳統金融機構原有的諸多業務痛點將得到解決，有關金融風險的新的識別技術和防控模式將不斷湧現。

六、保險行業將變得更為 "智慧"

3G 和 4G 時代，智能手機迅速普及，移動通信技術將人類帶入 "移動互聯網時代"，但由於帶寬和時延的限制，只實現了一些初級的人工智能應用。在 5G 時代，人類社會將進入真正萬物互聯互通的智能時代。智能家電、智慧交通、智能製造將成為現實，智能金融也將應運而生。

　　保險作為金融業的一個重要分支，5G 對其影響也是巨大的。物聯網的大規模應用和智能終端的普及時期，正在加速到來，在此基礎上，保險業可以基於海量數據設立產品精算模型，更準確地定價，為客戶設計出更適合的產品。同時，原有傳統保險公司的銷售和經營模式也將變化。5G 時代，通過人臉識別、VR/AR 等技術手段，保險公司的風險識別和交易等服務將變得更為智慧。例如，一位足球運動員為了防止鼻子在衝撞中受傷，希望專門購買一項身體器官保險，保險公司獲取客戶需求後，立即通過遠程技術，對客戶的鼻子外觀、以往病歷、風險係數等進行分析，然後設計出相應的產品。如果客戶投保的鼻子不幸受傷，保險公司的定損員也無須到現場，客戶只需上傳受傷部位的視頻及照片，保險公司先行墊付醫療費用，等客戶治療好後，再結算尾款。真正實現從產品設計、出險、定損到賠付的個性化、無人化和智能化。

　　總之，5G 將會對傳統金融的日常進行深度改造，甚至徹底重塑傳統金融行業，而且，重塑的速度和範圍可能超出我們的預期。

顛覆金融行業的發展意識

　　進入 21 世紀之後，人類社會的科技發展大大加速，得益於科技的高速發展，各行各業都呈現出欣欣向榮的發展勢頭，金融業自然也不例外。每一次科技變革和快速迭代，都推動著金融業向前發展，也給民眾帶來了極大的便利和實惠。回顧歷史，金融業的形態從初期以物易物的原始形態到貴金屬、紙幣，支付方式從電匯到移動支付，金融產品從單一的存貸款逐步演變到投資理財、保險、信託、股票等，服務方式從市集、線下門店到手機APP 等，金融業在服務範圍、服務深度、服務廣度、服務質量等方面不斷取得跨越式突破，老百姓的獲得感也越來越強。

與 1G 到 4G 時代不同，5G 對金融業未來的發展將是顛覆性的，包括業務發展、市場拓展、經營理念、經營形式和商業模式等方面，將會被顛覆和獲得再造。尤其是金融行業的發展意識上，將出現如下幾個顛覆性變化。

一、對金融業經營擴張意識的顛覆

新中國成立之後，中國金融機構從少到多，機構類型從簡單化到多樣化，金融服務從單一到複雜，金融產品從簡單到豐富，金融業的發展可以說是經歷了不平凡的一條發展之路，最終走到今天。

眾所周知，從 1948 年 12 月 1 日中國人民銀行成立，到 1978 年改革開放之前，中國銀行機構相當簡單，人民銀行基本統管一家，之後出現農村信用合作社、中國建設銀行，至後來的中國農業銀行，幾經周折，分分合合，銀行機構的發展始終圍繞著簡單的存貸款業務、財政撥款業務打轉，金融業發展速度緩慢，經營管理也始終沒有擺脫人民銀行的架構。1979 年，中國改革開放之後，金融業開始迎來了發展的春天，先是農業銀行從人民銀行分離出來，成為專司農業信貸服務的專業銀行。1984 年，工商銀行從人民銀行分離出來，成為專事城市工商信貸業務的專業銀行。之後，中國建設銀行、中國銀行、交通銀行等先後設立，中國人民保險公司、證券公司也相繼從人民銀行脫鈎分家。20 世紀 90 年代初，全國性股份制商業銀行、地方股份制商業銀行如民生銀行、光大銀行、上海浦發銀行、福建興業銀行、招商銀行等陸續問世，中國的各類金融機構如雨後春筍般湧現。

20 世紀 90 年代，金融機構進入了一個大擴張、大繁榮的週期，但都有著比較嚴格的專業分工，實行的是分類經營。為便於監管，《中華人民共和國人民銀行法》、《中華人民共和國商業銀行法》、《中華人民共和國保險法》、《中華人民共和國證券法》等相繼面世，奠定了金融監管的基本雛形。尤其到了 21 世紀初，隨著《中華人民共和國銀行業監督管理法》問世，中國金融監管已形成了比較完備的監管框架。

到了 21 世紀的頭十年，中國工商銀行、中國農業銀行、中國銀行、中國建設銀行這四大國有商業銀行相繼上市，加上近年來陸續上市的全國性股份銀行、城市商業銀行和農村商業銀行，以及陸續獲批設立的民營銀行，中國金融業的體系日趨完備，混業經營的趨勢日益明顯。而且金融企業紛紛建立現代企業管理制度，成為實行自主經營、自擔風險、自負盈虧、自我約束和自我發展的現代金融企業，各類行政干預大大減少。

值得注意的是，不管是科技信息落後的時代，還是科技信息已經高度發達的 4G 時代，金融業的發展基本都是圍繞線下的機構網點擴張、傳統的金融產品和服務模式等來進行的，線上的金融業務拓展還處於初步探索階段。而金融監管也都是圍繞機構網點、金融高管、資金流向是否違規等方面來進行展開的，對於線上的新興金融業態的監管仍處於相對滯後的狀態。

因為受到思維觀念、經濟發展水平和科技水平等多種因素的影響，4G 及此前的金融業，無論監管還是經營，主要注重數量和規模，而非質量。隨著 5G 時代來臨，無論是社會經濟發展還是金融業自身，都需要將行業發展推向更高水平、更高質量、更高階段。面對新形勢，我們必須重新思考金融業的發展理念，樹立新的金融擴張意識，使一切金融服務行為都要能跟上 5G 時代的技術特點和發展速度，適應社會大眾的金融需求，適應高科技信息條件下金融業的自我發展需要。未來，銀行的業務擴張及自身發展將從有形向無形轉化，金融機構的智能化程度將大大提高，真正的“智慧銀行”、“智能保險公司”、“24 小時證券公司”等將逐步流行起來。

二、對金融業發展意識的顛覆

長期以來，中國傳統金融業的經營發展理念是，通過擴張網點數量、擴大資產負債來壯大自身經營實力，並基於這種較為簡單的經營理念，圍繞金融業經營風險實施一系列制度，使金融機構在擴張中避免出現破產倒閉現象，最終實現經營利潤的最大化。然而，由於這種經營理念缺乏足夠的科學性和經營信息對稱性，金融業在發展過程中難免會受到來自方方面面的阻力或干擾，比如政府部門的行政干預、監管部門的政策制約等，使金融業的經營理念在很多地方難以得到完全、充分的貫徹和實施，所以中國的金融機構給人一種大而不強的印象。即便有了很多以股份制面貌出現甚至是已經登陸資本市場的商業銀行，中國現代金融企業的“靈魂”還有所欠缺，很多只是具有現代金融企業的“軀殼”。比如，近幾年從農村信用社改制而來的農村商業銀行，雖然表面上稱為股份制銀行，實際上離真正的現代金融企業還十分遙遠，形具神不具，依然沒有擺脫過去金融管理體制留下的種種弊端。尤其是，還會因為管理體制的嚴重制約，形成不少新的金融發展障礙，這對未來農商行發展帶來很多的“麻煩”，如貸款“農轉非”，管理上的“大鍋飯”，行政管理上的官辦色彩。讓人憂心的是，有些問題在改制幾年後就已顯現出來，有些問題可能還需要一段時間才能暴露。

由此，當前中國金融業的經營理念到了非改變不可的時候了。過去由於受到科技發展的局限性，經營理念轉變起來有一定的難度，也形成了制度的惰性，而 5G 時代到來後，金融業的經營理念如果因循守舊，就跟不上時代的發展，就有被市場淘汰的危險，5G 是催促金融業轉變經營理念的最大動能之一。

在 5G 浪潮的席捲之下，金融業經營理念可能會出現五個方面的巨變。

一是金融機構從過去以追求利潤為目標向為社會提供高質量的金融服務的方向轉變，將保證服務質量、獲得客戶滿意、把客戶當成真正的上帝作為最大的服務追求。

二是金融機構將意識到，過去那種以擴張物理網點為主的經營策略已不再是提升競爭力的利器，反而會自縛手腳，未來會把智能化的網上服務當作經營的生命線。

三是金融機構將改變"人海戰術"，更多依賴科技手段，向追求高素質人才的方向轉變，誰能夠提供給優秀科技人才最好的展示平台，誰就能吸引和留住具有綜合素質的優秀金融人才，誰就可能成為最大的贏家。

四是金融機構特別是中小型機構、區域性機構的服務範圍向全國甚至全球延伸，開放思維佔據主流，並成為金融業重要的企業文化，金融業管理人員及員工的發展目標，將更加專業化和全球化。

五是金融機構區別對待客戶的做法將失效，會從圍繞大企業、高資產增值人士提供高效服務向為普通民眾提供有效服務轉變，用"博愛"的胸懷為所有客戶提供平等、公正的金融服務。銀行等不再是只顧賺錢的金融企業，有可能把惠民、互利等內容寫進金融服務條約，讓金融業成為全社會、企業單位、個人的

"潤滑劑"，成為縮小社會收入差距、撫平貧富懸殊鴻溝的良好渠道。總之，金融機構會利用 5G 的泛在網功能，將金融服務信息輻射到每個角落，讓數字金融打破 "黑河—騰衝分割線"。該線又稱 "胡煥庸線"，是中國著名地理學家胡煥庸在 1935 年提出的劃分中國人口密度的對比線。該線從中國東北邊境的黑龍江省黑河市一直延伸到中國西南邊境的雲南省騰衝縣，大致劃分出了中國人口在區域上的分佈，體現了中國人口和經濟發展水平在東南和西北區域的懸殊差異。如今，藉助資金網絡、商業信息網絡、物流網絡的普及，東西部地區能共享經濟發展機遇，促使經濟發展機會更均等化，從而縮小了東西部經濟發展差距，讓經濟落後和金融覆蓋的薄弱地區通過 5G 得到更大發展。

三、對金融業違規違法意識的顛覆

一直以來，金融機構與金融監管部門之間是一種被監管與監管的關係，兩者之間存在著巨大的利益博弈。為了自身利益，金融機構打 "擦邊球"，甚至是違規違法經營的現象一直存在，而監管部門為了引導金融機構的經營行為沿著合規合法的方向前進，"貓與老鼠" 的遊戲時刻上演著。可以說，金融業的發展史實際上也是一部金融機構與金融監管部門之間的利益博弈史。

之所以出現這種現象，主要是因為通過違規違法經營和打 "擦邊球" 能獲得比較高的收益，而循規蹈矩需要支出更多的成本，在市場競爭中後者反而會處於劣勢。而作為企業，金融機構追求高額利潤的衝動是永恆的，於是一些金融機構就會利用監管信息不及時、不透明等缺陷，千方百計地規避金融監管來達到以最小的經營成本獲取最大經營利潤的目標，所以一些金融機構和個人不是把精力用在服務模式、服務產品等方面的創新上，而是用在投機取巧上。比如，此前的一些互聯網 P2P 平台就利用時間監管滯後的漏洞，公然違規違法經營，整個行業一度快速野蠻無序生長，雖然它們獲得了一定的發展，嚐到了甜頭，但卻埋下了巨大的風險隱患，最後在監管部門的強力清理整頓之下，行業生態才逐步走向健康軌道。

事實上，近年來還有一個不良現象較為嚴重，那就是資金空轉和套利。金融機構並沒有按要求將資金投向國家產業經濟最需要的領域，使大量資金要麼流向空轉套利的虛擬領域，要麼流向國家政策限制和禁止的產業領域，要麼流向了房地產領域，吹大了房地產的泡沫，金融業資金脫實向虛的現象極為嚴重。為了整治這些金融亂象，監管部門被迫連續出台力度較大的政策。2017 年以來，監管機構掀起了金融監管風暴，如 "三三四十" 專項治理行動："三違反" 即違反金融法律、違反監管規則、違反內部規章；"三套利" 即監管套利、空轉套利、關聯套利；"四不當" 即不當創新、不當交易、不當激勵、不當收費；"十個方面" 即股權和對外投資方面、機構及高管方面、規章制度方面、業務方面、產品方面、人員行為方面、行業廉潔風險方面、監管履職方面、內外勾結違法方面、涉及非法金融活動方面。據第一財經網 2018 年 1 月 9 日報道，2017 年以來，銀監會以整治銀行業市場亂象為主要抓手開展的 "三三四十" 檢查共發現問題約 6 萬個，涉及金額 17.65 萬億元，取得階段性成效。2017 年，全系統共做出行政處罰決定 3452 件，其中處罰機構 1877 家，罰沒 29.32 億元；處罰責任人員 1547 名，其中罰款合計 3759.4 萬元，對 270 名相關責任人實施一定期限甚至終身銀行業禁業和取消高管任職資格。雖然取得了令人欣喜的監管成效，但監管部門卻消耗了大量的監管資源，而且難以從根源上將金融市場亂象徹底消除。

　　以上金融亂象，除了金融機構在經營上存在監管僥倖心理外，也與監管部門監管手段不夠先進有關，客觀上留下了監管死角或漏洞，使金融機構有漏洞可鑽。而在 5G 時代，低時延、萬物互聯和泛在網等功能和技術特點，可以讓監管機構在獲取監管信息方面超過以往任何歷史時期，基本能實現與金融機構的經營管理動態的同步，監管盲區和監管信息的滯後性問題將大大減少，金融監管能力大大提升，金融機構違法違規的僥倖行為失去生存的土壤。

　　同時，5G 時代的個人，有可能成為金融業監管的 "監督者"，金融業暗箱違規違法操作的空間將被大大壓縮，甚至可以說基本被消滅，這樣會迫使金融機構 "潔身自好"，增強自身的大局意識、政治意識和風險意識，從內部整治和完善相關制度，以達到監管需求，免遭監管部門的處罰。

四、對金融業信用意識的顛覆

過去及當前，金融業尤其是銀行機構在對企業、居民進行信用評估時，主要基於一種社會共同形成的基本信用基礎數據和畫像來決定，比如貸款有無到期不還的現象、信用卡消費有無逾期不還現象、企業過去的信貸歷史記錄、居民的還款實力等，都是信用評估的基礎因素。可以說，這種信用評價是一種比較模糊的方式，只是一個簡單的信用評價，精準性不夠。這是因為，金融機構對客戶信息的抓取能力、獲取範圍等均受到制約，無法做到全面、客觀和準確，容易使金融機構對客戶的信用評估出現偏差甚至是遺漏關鍵信息，最後導致金融決策信息失靈，埋下隱患。

而在 5G 時代，金融機構在信用數據採集、信用等級畫像、信用評估等方面都將獲得突飛猛進的改變，信息獲取的手段比以前更靈活，信用使用的範圍也將更寬。5G 的萬物互聯等功能，可對一個企業或一個人的各方面的信息進行準確抓取，提高信息獲得的針對性、有效性和及時性，對採集到的數據進行系統分析後，一個企業或一個人的信用畫像會更加具體化、清晰化。屆時，企業或個人信用的用途將不僅局限在貸款方面，還可以在進行商務交往甚至談戀愛時產生作用，用途將得到很大的擴展，傳統信用將迎來革命性顛覆。

五、對金融業風險意識的顛覆

　　無論是過去還是現在，由於受到科技發展的水平、監管制度、經營理念等諸多因素影響，金融業對經營風險的認識和判斷顯得固化和呆板，這種風險防控觀念導致金融機構在很多業務拓展上不敢大膽嘗試，對金融業服務模式和金融服務產品的創新也故步自封，這也是餘額寶等"寶寶類"產品是由支付寶研發，而不是由傳統金融機構推出的原因。固有的思維模式，對金融機構自身的傷害其實是巨大的。比如，銀行在消費信貸方面，把社會低收入人群排除在外，並對這部分人群採取區別對待的做法，導致他們正當合理的金融需求無法在正規金融機構那裏得到滿足，不得已轉向互聯網金融組織，其中一部分陷入"校園貸""套路貸"、"現金貸"等陷阱，使本身經濟就不寬裕的弱勢群體雪上加霜，加劇社會兩極分化，誘發越來越多的社會矛盾。

　　對於出現這些現象，金融業是有責任的，當然也不能把全部責任都推給金融機構，畢竟金融機構是企業，發放的貸款是要收回本息的。導致這種結果有兩大因素：一是金融監管部門在金融扶貧與普惠金融方面，確實存在制度設計不到位的問題，把過多的普惠金融職能賦予金融機構，但金融機構受到許多因素制約，顯得心有餘而力不足；二是金融機構對科技信息的掌握和運用還遠遠不夠，對弱勢群體的認識存在誤區和不全面的情況。

　　5G 時代，無論是監管者還是金融機構，此前那種信息獲取不全面、不精準、不及時的情況會徹底改變，所以對風險的認識會出現新變化。比如，一個人上週已將之前的借款全部還完，但因為信息的滯後，目前的徵信系統顯示他還有欠債，如果他此時有新的貸款需求，可能銀行覺得有風險，因而拒絕向他放貸。

此外，隨著 5G 的大規模商用，之前被金融機構視為風險的，未來可能不再是風險；之前金融機構不敢涉足或被監管部門禁止涉足的風險業務，未來可能也會被放開……很顯然，隨著科技的迅猛發展，金融業的風險意識將出現讓人意想不到的變化。

六、對金融業監管意識的顛覆

過去幾十年來，中國金融監管體制幾經變遷，監管制度也在不斷豐富與充實，但更多的監管制度仍未擺脫傳統思維的窠臼，被深深打上了行政的烙印，大部分制度都是圍繞傳統線下金融業務設計的，沒有跟上時代發展的步伐，存在不少監管漏洞，以致於各種金融市場亂象屢禁不止，埋下了金融風險隱患。

近年來，得益於科技發展和監管思維變化，金融業的監管水平有了較大提高，尤其在新型金融業態監管方面，制度設計日趨完善，但受制於 4G 時代的技術局限性，使金融監管部門在監管信息獲取的手段、監管信息的處置能力、監管信息的完整性等方面存在明顯不足。而隨著 5G 時代來臨，低時延、泛在網等

5G 功能，可以讓金融監管部門獲取金融監管信息實現實時化和無障礙化，監管效能將得到極大提升，可減少金融監管盲區。

　　與此同時，金融監管部門的監管理念也會隨之發生根本性轉變，由於移動通信技術高度發達，加上大數據、VR 等技術日趨成熟，金融監管會變得越來越簡單，傳統金融業務的監管需要的資源將會越來越少，至少可以大大弱化，線下金融監管有可能最終消失。金融監管部門更多的資源將轉到線上，並且政府在金融監管方面投入的力量也可以減少，可以將一些日常金融監管事項交給第三方社會監管機構和個人，實現金融監管的社會化和組織化。

七、對金融業人才意識的顛覆

　　長期以來，金融業引進人才主要集中在金融專業等較為單一的專業領域，比如金融學、統計學、會計學等，衡量用人的標準也主要以專業標準來進行，未來，金融機構對科技人才會越來越重視。

　　尤其是 5G 時代的到來，會對金融業的人才儲備、人才戰略、用人標準等帶來深刻的影響，因為金融業在發展深度、發展廣度、發展方式、發展方向等方面會出現新變化，對金融業的人才自然提出了更高的要求，使得使用人才和衡量人才的標準也將由過去的單一專業為主，向專業綜合方向轉化，人才的分工會更加細緻，科技型人才的需求會越來越多。比如，由於萬物互聯，物與物、物與人、人與人的交互信息將是海量的，這就需要專業人員來處理和分析，所以可能會出現數據採集師、數據建模師、數據處理師等新型人才。

同時，人才考核與業績標準評判也將發生根本性變化，並帶來多個行業的聯動。比如，金融機構需要數據採集師、數據建模師、數據處理師等新型人才，相關的大學或社會培訓機構，也必須根據市場需要，調整或增設相關專業，去掉一些已經不適應社會發展需要的專業。

八、對金融業發展道路的顛覆

幾十年來，中國金融業實行的是分業經營，銀行、保險、證券等領域實行專業金融牌照管理，不同的細分行業之間具有明確的"楚河漢界"。雖然近年來這種界限越來越模糊，監管機構的監管態度也有所鬆動，一些大型金融企業獲得由多家監管部門發放的經營牌照，混業經營的趨勢初現端倪，但目前金融監管機制、監管力量、監管手段等方面仍顯滯後，不僅制約了金融業的發展步伐，也出現了一些監管的盲區。

5G 的出現，除了加快社會經濟發展，也給金融業帶來新的思考。未來，金融業到底走向何方、什麼樣的金融發展道路更適合國情、什麼樣的監管路徑更有效等一系列問題，值得全社會共同探討和摸索。

　　可以預見的是，不久的將來，金融業混業經營將會得以真正實現，金融和其他行業的界限會逐步模糊，此前部分被禁止的業務領域將會放開，新的金融產品和服務將誕生。基於此，目前的金融行業經營規則、行業監管制度、風險防範邊界等都需要重新修正，整個金融業的發展道路將被改寫！

第三章

主要經濟體 5G 金融發展對比

發達經濟體 5G 金融研發推廣情況

研究對比歐美日等發達經濟體 5G 金融的開發利用現狀，以及中國 5G 金融的發展現狀，可以說，目前中國 5G 金融的研發推廣是領先於歐美日的。因為中國有較多的世界級互聯網企業，在全球有很大的影響力，第三方支付也十分發達和活躍，這為 5G 在金融業的全面推廣和運用奠定了堅實的基礎，也為 5G 深度融入金融業鋪平了道路。

不過，我們應看到，無論是 5G 還是 5G 金融的發展，都會面臨一些困難和挑戰，因為這個世界還是弱肉強食的世界，只有拳頭硬才能掌握主動權和話語權。

美國總統特朗普曾高呼："在未來強大的 5G 產業中，我們不允許任何國家超越美國……" 為了贏得這場激烈的競爭，美國政府推出了一系列投資計劃，向無線產業投資 2750 億美元，建設 5G 網絡，並迅速創造 300 萬個就業崗位，以增加經濟效益。韓國也不願落後，2019 年 4 月，韓國在全球推出 5G 業務服務，5G 用戶已超過 100 萬。此外，韓國還希望進一步掌握 5G

技術標準。2019 年 7 月，在巴西舉行的第 32 屆國際電信聯盟 WP5D（5D 工作組）會議上，韓國代表提交了一份申請，要求將韓國 5G 業務中使用的無線互聯技術和寬帶技術作為 5G 標準參與進來。

2019 年，5G 成為全球熱門話題，頻頻登上全球新聞要聞榜。為了抑制中國 5G 的發展，以美國為首的一些大國不惜撕掉偽裝，公然動用國家力量進行打壓，很多手段不是技術和經濟手段，而是赤裸裸的政治手段，甚至以莫須有的罪名抓捕了中國著名高科技企業華為的高管。如今，可能不少人都會對 5G 金融的發展抱有很大的好奇心。大家不約而同在問：當今世界，哪個國家的 5G 實力最強？中國真的能經受得住美國的打擊嗎？說到 5G 的實力，是一個全面的體系，而不是兩個指標，正如一些網民誤解 5G 標準只是華為和高通的標準，這顯然不是事實。根據電信專家項立剛的觀察，如果想分析 5G 的綜合能力哪家最強，應該包括如下幾種能力：一是 5G 標準的主導能力，二是 5G 芯片的研發與製造能力，三是 5G 技術系統設備的研發與部署能力，四是 5G 手機的研發與生產能力，五是 5G 業務的開發與運營能力，六是 5G 技術運營商的能力，七是政府支持和市場拓展能力。

CTIA（美國無線通信和互聯網協會）聯合電信諮詢公司 Analysys Mason 對世界各國的 5G 現狀進行了研究，這項研究的重點放在以下關鍵領域：頻譜可用性、許可和部署計劃，以及旨在簡化 5G 基礎設施規劃流程的建議，包括有利的位置和許可政策。其他市場包括加拿大、中國、法國、德國、日本、俄羅斯、新加坡、韓國、英國等。具體排名如下：中國、韓國、美國、日本、英國、德國、法國、加拿大、俄羅斯、新加坡。

這也就是說，目前來看中國、美國、韓國以及日本是全球 5G 領域的主要領跑者。這四個國家處於 5G 領域發展的第一梯隊，而歐洲主要國家德國、英國和法國排到了第二梯隊，其他主要經濟體排在第三梯隊。5G 之爭愈演愈烈，在 5G 的技術方面，中國已成為公認的第一。從 5G 基站到 5G 終端產品，中國已經確立了主導地位。據中國新聞網 2019 年 7 月 18 日報道，華為 5G 產品線副總裁甘斌介紹說，截至當時，華為已在全球贏得 50 多個 5G 合同，擁有 15 萬個基站出貨量。

5G 才剛剛宣佈商用，顯然還有很長的路要走，這是中國無法迴避的一場競賽，但作為世界主要經濟體之一，基於 5G 基礎之上的 5G 金融，有著巨大的發展潛力，中國的 5G 金融技術生態系統在結構上與美國、歐洲的同行不同。在中國之外，最成功的金融技術公司通常是初創企業，並專注於諸如支付、貸款或財富管理等某項業務，當這項核心業務發展到一定程度時，再擴展到別的業務。例如，在美國，PayPal（國際貿易支付工具）集中在在線支付方面，Betterment（機器人投資顧問公司）的主要業務是提供數字財富管理，而 Lending Club（借貸俱樂部）則主要從事網上貸款業務。相比之下，在中國，最成功的金融科技巨頭一直在構建金融生態系統，而這一生態系統是由消費者參與度高的平台支撐的。比如，基於阿里巴巴電子商務平台的螞蟻金融，提供了一站式的對消費者的金融技術解決方案，其產品包括支付寶在線支付、餘額寶、花唄等。同樣，騰訊在現有的社交平台上也提供了廣泛的數字金融服務。這些生態系統得到了迅速的創新和擴展，技術巨頭可以根據自身的技術優勢獲取大量的數據來開發和優化產品，例如根據用戶的生活方式和習慣為不同的用戶群體定製服務，這一做法能夠更有效地根據客戶的社交媒體信息（如騰訊旗下的微信）或消費者行為（如阿里巴巴的天貓和淘寶電子商務網站）評估風險。

由此可見，隨著 5G 的競爭已經趨於白熱化，5G 金融的競爭必將愈演愈烈，因為背後牽扯著實實在在的經濟利益和國家發展戰略，而中國擁有較強的競爭優勢。5G 已經開始商用，一場圍繞 5G 金融的"革命"浪潮將浩浩蕩蕩而來，眼看中國後來居上，坐慣了科技發展老大地位的美國，顯得心急如焚。因此，先後祭出經濟和政治手段打壓中國的中興和華為兩大科技企業，也就不足為奇。而從美國聯手盟友頻頻針對中國移動通信公司發難的背後，其阻撓和遏制中國正常發展高科技產業的意圖昭然若揭。

那麼，目前發達經濟體或者說主要經濟體的 5G 金融研發推廣情況如何呢？

一、中美主導著 5G 標準，更會主導全球 5G 金融走向

　　5G 標準是一個複雜的系統。5G 標準包括很多方面，從編碼、協議到天線等方面。在制定這些方面的標準時，先由一家或幾家公司牽頭提出建議，制定相關標準細則，然後由全行業代表進行討論，最後確定相關方面的標準。而許多標準共同構成了整個 5G 標準。用通俗的話來說，5G 標準相當於一個房子，華為、諾基亞、愛立信、三星、LG（樂金）、英特爾、中國移動、中國電信、中國聯通、高通……這些公司都為這座房子提供建築材料，你提供一袋水泥，我提供一袋沙子，他提供一根鋼筋，還有提供玻璃、家居用品和電器的……大家一起努力把這座房子蓋起來。在完整的 5G 標準大房子下，有必要建立多個房間。哪個國家或企業建築的項目多，自然在整個 5G 標準大房子的建築中佔據主導地位。誰能參與房子的建築呢？必須是有資格建築該項目的大國或大企業，或是有技術積累和 5G 前瞻性要求的企業才有資格參與該項目。

　　據中央電視台報道，2019 年 9 月 20 日，工信部部長苗圩在國新辦發佈會上說，中國擁有全球最大的 4G 網絡，5G 網絡建設全面啟動。中國移動通信產業歷經 "2G 跟隨"、"3G 突破"，實現了 "4G 同步"、"5G 引領" 的歷史性跨越，5G 標準必要專利數量全球第一。

　　按照電信專家項立剛的觀察，全世界 5G 標準立項並且通過

的企業中，中國移動有 10 項、華為有 8 項、愛立信有 6 項、高通有 5 項。按國家統計，中國有 21 項、美國有 9 項、歐洲有 14 項、日本有 4 項、韓國有 2 項，5G 標準基本上被中國、日本及歐美發達國家佔有。通過這些數據，很明顯可以看出誰是 5G 標準的領導者。當然是中國，其次是美國。5G 作為 5G 金融的發展載體，按照目前的技術儲備和經濟發展水平、市場規模等多種因素來看，中美兩國將會主導全球 5G 金融走向。

二、美韓等國家 5G 芯片實力較強，也會佔據 5G 金融重要席位

正如前文說的，5G 金融發展的基礎就是萬物互聯，而萬物互聯的基礎就是 5G 芯片。可以說在 5G 之中，芯片是非常重要的一環，萬物互聯意味著所有的智能設備都要上網，而上網的關鍵元件就是 5G 基帶芯片。5G 在哪些領域需要芯片？其中，5G 核心網管理系統需要計算芯片、存儲芯片，5G 基站等設備需要專用的管理和控制芯片，5G 手機需要計算芯片、基帶芯片和存儲芯片。當然，未來大量 5G 終端還需要感應芯片，可以說 5G 領域中芯片無處不在，而在芯片尤其是在計算芯片等領域，中國與其他先進國家還有一定差距。

芯片巨頭英特爾雖然還沒有發佈 5G 芯片，但英特爾在 PC 領域和計算領域的芯片一直是冠軍。美國高通發佈了全球首款

5G 芯片 X50，另外中國台灣聯發科、韓國三星、中國紫光展訊都發佈了自己的 5G 基帶芯片。中國華為在 5G 芯片領域的研發突飛猛進，其巴龍 5000 已經達到國際領先水平。從芯片領域來看，美國、韓國等國家實力較強，會佔據 5G 金融的重要席位。

三、中美日的 5G 金融研發能力表現最佳

全球知識產權產業媒體 IPRdaily 聯合 incoPat（全球專利數據庫）創新指數研究中心的研究表明，中國、美國和日本等國家在金融科技專利申請上走在前列。2018 年該創新指數研究中心的金融科技榜單中，排名前三的企業在金融科技領域的發明專利申請量均超過 1000 件，其中中國平安申請量 1205，排名第一。緊跟中國平安的是阿里巴巴、Mastercard（萬事達卡）和 IBM（國際商業機器公司）。美國還有谷歌、臉書等公司上榜，日本有東芝等公司上榜。這些公司申請的專利涉及人臉識別、移動支付、人工智能等方面，這些科技也是 5G 金融的基礎，代表了 5G 金融的研發能力。

具體來說，人臉識別技術已在許多金融領域得到實踐，在這一領域技術實力雄厚的公司主要是索尼、日立和微軟；大數據分析和預測技術是 5G 金融技術的重要方面，該領域最強大的公司是美國銀行、埃森哲、菲舍爾、萬事達卡、維薩等公司；人工智能技術已廣泛應用於 5G 和金融領域，包括算法交易、欺詐檢

測、金融投資管理、貸款、保險承銷等，該領域的強大競爭對手主要是微軟、IBM、通用電氣等公司。總體來看，中國、美國和日本在 5G 基礎技術的研發能力上走在世界前列。

研發能力是各國推廣運用 5G 金融的基礎，目前主要國家的 5G 金融技術研發和運用處於 "跑馬圈地" 的階段。中國在 5G 金融科學技術領域的專利申請數量相對於巨大的人口基數來說還是遠遠不足的，5G 金融技術專利的產能轉化還有差距。未來，中國的科技企業或金融機構要抓住 5G 發展的機遇，積極探索人臉識別、大數據分析預測、人工智能等新興技術的進一步融合，緊跟美國、日本等國家的步伐，擴大專利申請。

四、中國 5G 金融網絡部署能力較強

5G 金融要想發展好，電信運營商等通信公司的網絡部署能力尤為關鍵。只有網絡部署工作做到位了，相關的產業和業務才能發展起來，這就和過去 "要想富，先修路" 是一個道理。目前，中國移動、中國電信和中國聯通等電信運營商的實力在世界排名靠前。其中，中國移動 2018 年末用戶數突破 9.2 億、在線寬帶用戶數突破 1.5 億、物聯網連接數突破 5 億，是世界上最大的電信運營商，用戶的數量幾乎是整個歐洲人口的總數。中國電信和中國聯通也躋身於世界頂級電信運營商之列。可以說世界上任何一個大國基站的建設能力都不能和中國相提並論，中國的基

站數量遍及中國任意一個角落，這意味著網絡的覆蓋率和良好的網絡質量。除了在人口密集的城市進行網絡覆蓋，中國的電信運營商最強大的表現是，廣大的偏遠地區同樣擁有良好的網絡覆蓋率，這種能力是其他國家無法比擬的。經常在電影裏有這樣的畫面，歐美許多國家偏遠地區的網絡不好或者不穩定，電話都不能打，這也能反映出國外網絡部署能力不及中國。中國農村地區的網絡覆蓋縮小了數字鴻溝，不僅使廣大的農村地區享受到優質低價的通信服務，也對邊遠地區的社會經濟發展起到了很好的推動作用，有利於縮小不同地區之間的經濟發展差距。

除了基礎網絡部署能力較強之外，中國華為和中興公司的通信設備產品在價格上也很有競爭力。此外，一個是非常重要的能力是，電信運營商的業務支持能力。客觀來說，任何優秀的公司生產的產品，都不可能完全沒有問題，優秀公司與一般公司的差別在於，前者的合格率遠高於後者，而次品率或不合格率遠低於後者。因此，通信網絡也一樣，多多少少都可能存在問題。對用戶來說，產品或服務出現問題後，運營商能否及時做出反應、及時解決問題，是極為關鍵的。還有，出現問題後，誰的服務質量最好、價格最低，也是客戶選擇運營商的關鍵因素。還是以華為和高通比較，華為在對接、測試、部署、服務等方面，有駐場工程師隨時可以參與電信運營商和金融機構在 5G 金融推廣中的各個環節，形成完整的技術閉環。而高通，只是作為技術閉環的一小部分。面對這種情況，客戶做何選擇，相信不難判斷。

眾所周知，其實所謂的網絡安全問題根本不存在，但一些西方國家依然把華為和中興拒之門外，背後的真實想法路人皆知。必須要指出的是，將技術最強的華為排除在外，這些國家的 5G 進程將大大減緩，最終受到損失的，還是那些盲目跟隨美國的所謂盟友。

與美國等動用國家力量打壓競爭對手的做法截然不同，2019 年 9 月中旬，華為創始人、CEO（首席執行官）任正非在深圳接受《經濟學人》採訪時發出驚人之語，稱可以把華為的 5G 技術賣給國外企業，而且可以一次性買斷。華為的 5G 技術目前在全球市場上處於領先地位，按照任正非之前接受媒體採訪時的說法，華為的 5G 技術 "領先美國兩年，領先歐洲三年"。此外，談及 6G 問題時，任正非表示："對於 6G 研究，我們也是領先世界的，但是我們判斷 6G 十年以後才會開始投入使用。"

為何遭遇美國強力打壓的華為願意賣掉 5G 技術呢？其實很好理解，一是可以有效破除 "華為威脅論"，說明華為 5G 技術根本沒有所謂網絡安全問題；二是華為的 5G 技術本來就已經領先歐美，就算賣掉 5G，自己的 6G 也已經把對方拋在了身後；三是美國大搞單邊主義，華為卻願意惠及世界，一個國家的眼光不及一個企業，豈不是讓人笑話？總體來說，美國、歐洲、日本和韓國各有各的優勢，但綜合來看，中國的綜合實力更為強大。可以預見，隨著 5G 的正式商用，5G 金融會全面爆發，中國有望在新一輪科技競爭中領先世界。從長遠來看，5G 金融的發展不僅僅是在金融業，在提高社會效率、提高社會管理能力、降低社會成本、改變人類生活方式等諸多方面它都將發揮巨大作用，對整個人類社會發展的影響遠遠超過以往任何一個時代，對一個國家的整體實力也將帶來較大影響。

中國研發推廣 5G 金融的現狀

近年來，金融科技的迅速崛起，對提升傳統金融服務業的效率和用戶體驗度發揮了重要作用，金融科技指的是由科學技術帶來的金融創新，它可以創造新的商業模式、應用、流程或產品。5G 金融是 5G 及其他科技在金融業的新突破與新昇華。5G 移動通信技術、互聯網、大數據等是改造和服務金融業的重要手段，其目的是拓展金融服務的深度和廣度，改善金融服務的組織形式，提高金融活動的整體效率。

綜觀全球，5G 金融科技的發展對各個國家都有著極其重要的影響，其發展歷程和水平標誌著全球金融科技發展的新趨勢。與世界其他國家相比，中國的 5G 金融有自身的特點和趨勢。在歐美國家，每個細分領域都會有一兩個壟斷者，集中度很高。而中國則具有兩個明顯的特點：一方面每個企業的商業模式和技術模式都不一樣；另一方面市場很大，許多優秀的參與者進入市場並且都已找到了自己的位置，獲得了巨大的發展空間。

我們不妨對中美金融科技發展的相似之處進行分析，這樣既能看到中國金融業利用科學技術的潛力，又能看到自身的不足，然後找到有效的解決辦法，盡快彌補短板，實現中國金融業的現代化和高質量化，為 5G 金融的大發展打下扎實的基礎。在美國，很多銀行機構都在 P2P 平台上投資信貸產品，2015 年美國的摩根大通與 OnDeck（小額貸款在線平台）合作正式進軍 P2P。在中國，阿里巴巴、騰訊和平安保險集團合作成立中國第一家互聯網保險公司眾安在線；百度與安聯保險、高路資本共同發起成立互聯網保險公司百安保險；螞蟻金服收購國泰保險 60% 股權，幫助阿里巴巴打造在線保險銷售平台和進一步完善保險服務，推出了保險產品，構建了健全的保險服務體系。

科技公司與金融機構由於在業務拓展上相互補充，二者融合發展趨勢風起雲湧。傳統金融機構具備金融方面的優勢，融資成本較低，控制風險的能力強。但是，金融機構在科技水平和用戶受眾方面不如大型科技企業。與此同時，科技企業在技術上具有強大的核心優勢，在跨區域聯動、快速佔領市場等方面具有明顯的流量優勢。因此，金融機構與科技企業的結合擴展了多種應用場景，構建了更加完善的金融科技生態。不過，值得注意的是，雖然金融科技可以大大提高服務效率，但其核心仍然是風險控制，技術進步和創新並不會天然地消除金融風險，尤其是在提供跨境金融服務時，它還有可能使金融風險更具傳染性，使傳播範圍更廣、傳播速度更快、產生的負面衝擊更猛烈，並容易誘發群體性金融事件，對社會穩定產生較大的破壞力。因此，科技與金融的融合，不全是好處，對其可能帶來的潛在風險必須高度重視。

　　當前，中美兩國和其他國家在金融科技上有很大的差異，美國金融科技創新的主體是初創企業。2016 年 9 月，國際知名金融數據服務商 Visual Capitalist 發佈的數據顯示，全球 27 家民營金融科技初創企業市值不低於 10 億美元，美國 14 家進入榜單，佔比過半。雖然美國金融科技公司規模小，但美國企業的創新能力強，科技企業已經成為美國金融發展的動力源。例如，美國金融科技創業公司 Addepar 設計了一款雲計算軟件，該軟件具備財務顧問功能，可以通過電腦桌面和移動設備，分析並管理客戶的所有資產，包括對衝基金和私募股權。反觀中國，金融技術創新的主力軍是互聯網巨頭，比如 BATJ（百度、阿里巴巴、騰訊、京東）。在金融科技領域，BATJ 具有技術、人才、數據、資金等優勢，擁有比金融機構更成熟的互聯網市場運營經驗，以第三方支付業務為基礎，通過跨境聯動拓展應用場景，提升服務體驗，建立 "互聯網 + 金融" 閉環。

　　與此同時，中國的金融科技方面在全球範圍的優勢極為明顯。畢馬威的調查數據顯示，2018 年全球金融科技投資行業發展景氣高，行業投資規模顯著提升。在投資規模上，2013 — 2018 年，全球金融科技行業投資規模波動上升。2018 年，全球金融科技投資金額創下歷史紀錄，投資金額達 1118 億美元，是 2013 年的近 6 倍。在畢馬威公佈的 "2018 全球金融科技 100強" 榜單中，排名前十的公司裏中國有 4 家——螞蟻金服位居榜首，京東金融位居第二，度小滿金融排名第四，陸金所排名第十。50 強榜單中有 9 家中國公司入選，體現出中國金融科技行業在全世界的巨大優勢。

從業務屬性上看，美國金融科技發展的優勢在於創新性和多樣性，在核心科技方面具有全球領先的競爭優勢，如區塊鏈技術中最重要的哈希加密算法是由美國國家安全局開發的，2001 年由美國國家標準與技術研究院發佈；雲計算是最早由谷歌首席執行官埃里克·施密特在 2006 年 8 月的搜索引擎會議上提出來的。而在中國，金融科技在應用層面具有較強的創新和拓展能力。依託第三方支付的延伸優勢，各種新型金融產品和服務易於進行大規模、市場化的應用，部分互聯網企業依託網絡分流和情景化的優勢，不斷提升金融服務的包容性和便利性，極大地提高了金融服務的水平。

一、中國研發推廣 5G 金融的長處

1. 龐大的市場

影響 5G 金融開發運用的最重要的力量就是市場規模。一項新技術和產品能否得到發展，市場規模很重要，一個足夠大的市場是降低成本和使資本願意投資的重要支撐，如果市場太小，而研發的新產品成本過高，則會降低大規模應用推廣的速度和積極性。據此，作為擁有 14 億人口，並且是第二大經濟體的中國，

發展和使用 5G 金融的優勢是顯而易見的，最主要體現在中國的市場規模足夠大。據國家市場監督管理總局統計，截至 2018 年 12 月底，全國實有市場主體達 1.1 億戶，其中民營小微企業佔到 90% 以上，接近 1 億戶。中國的龐大市場展現出的活力，可從近年來民營銀行的蓬勃發展中窺見一斑。例如，成立時間不足 5 年的網商銀行，依靠 "310 模式"（即 3 分鐘申請，1 分鐘到賬，期間 0 人接觸），在短短三年內服務的小微企業從 170 萬家增加到 1700 萬家。

2. 包容性較強的監管制度

在金融科技方面，中國近年來處於世界領先地位，特別是在移動支付和第三方支付方面，可以說，中國是世界上發展最快、人氣最高的國家。近幾年來，許多高科技互聯網公司已經開始涉足金融業務。比如，阿里巴巴旗下的螞蟻金服就將金融業務開發和運用得相當成功，並在此基礎上逐步拓展業務領域，逐步涉及銀行、保險、證券等領域。騰訊、百度、京東等也設立了金融板塊，並取得了相關牌照。經過十多年的發展，中國金融科技產業已覆蓋支付、信貸、投資、保險、信貸等多個領域，特別是移動支付領域，已走在世界前列。目前，中國是全球金融交易中最活躍、最便捷、最具成本效益和效率的國家之一。根據世界銀行的評估，2018 年中國金融科技發展指數排名全球第二，僅次於美國。隨著 5G 商用牌照的正式頒發，中國信息技術產業的供給能力不斷提高，也將為金融科技的發展提供更大的市場空間。

從國外金融監管的經驗和實踐來看，即使是某些自由市場發達的國家，監管制度也較為嚴格。以金融向來發達的美國為例，20 世紀 30 年代以來，美國對實體企業和金融企業進行了區別監管，實體企業進入銀行業等金融領域的，要經過市場准入，比如零售巨頭沃爾瑪進入金融領域的步伐就被監管部門所控制；美國通用電氣作為美國實體企業涉足金融的代表，只能發短期商務票據獲取資金，不能開設銀行活期支付賬戶；臉書等科技巨頭試水加密數字貨幣計劃推出 Libra（虛擬加密貨幣），而遇到美國國會和美聯儲的層層阻撓。

可以說，相對寬鬆和包容的監管制度和環境是中國的支付寶、微信等移動支付取得迅猛發展的重要原因。有理由相信，5G 金融時代，中國的監管部門將更加重視利用科技手段，與時俱進，不斷提高監管水平。隨著監管科技升級後的深入應用，未來監管效率將大大提高，將極大促進金融科技產業的規範化、創新化發展。目前，互聯網金融風險已經成為一個各方熱議的話題，也是一個亟待解決的問題。由此，如何把握創新的尺度和防範潛在風險，為未來的金融監管提出了新的課題。

3. 注重金融普惠性

中國的金融和科技企業特別重視發展普惠金融，特別是一些傳統上沒有得到服務的領域。中國的金融科技公司都非常關注這些客戶以及這些產品的開發和擴展，這是其他國家從來沒有見過的，也從來沒有發生過的。以第三方支付為例，傳統金融機構對普通老百姓的支付需求服務不到位反而成為中國支付領域快速發展的重要原因。特別是對小企業和個人來說，如果在人民銀行徵信系統中沒有信用記錄，就無法從傳統的金融機構獲批信用卡，偏遠地區和文化水平稍低的民眾甚至連銀行儲蓄卡都沒有。相對而言，在國外，特別是發達國家，信用卡普及率比較高，對第三方移動支付的需求也就不高。所以說，正是信用信息的缺乏為移動支付創造了巨大的商業機遇，使得移動支付呈現迅猛發展之勢。另一個特別的地方是，在今天的中國，大數據、人工智能和機器學習的應用非常廣泛。金融機構，無論是銀行、證券公司，還是保險公司，特別是行業排名靠前的金融機構，都充分認識到科學技術在促進金融科技發展中的重要作用，都日益認識到高科技信息技術對金融業的巨大推動作用。

4. 政府的高度重視

　　5G 金融是一個龐大的系統工程，不僅是金融機構或者電信運營商等一兩個行業的事情，還需要全社會各行業通力合作。如果單純依靠企業自身的投資，不依靠政府的支持，推進速度會大受影響。在許多領域，法律法規的政策引領作用極為關鍵，政府的前瞻眼光、政策規劃、配套設施等，對於新的技術和行業發展，都將起到重要的推動作用。

令人欣喜的是，中國各級政府對 5G 的發展態度非常明確，從各方面積極支持加快 5G 建設，這種支持有兩大作用：一方面可以促進社會經濟發展，為中國經濟保持平穩高質量增長提供新動能；另一方面可以大幅提高社會效率，降低社會運行成本，推動社會資源配置最優化，讓社會變得公平公正。對此，從基礎設施研發到網絡部署，中國各級政府的態度是非常積極的。眾所周知，網絡建設是一個大問題，電信運營商入網更是一個複雜的大問題，對此，各級地方政府在 3G 和 4G 建設中發揮了重要作用，許多地方政府紛紛發文支持建設，並首先在政府辦公樓上安裝基站。這不僅降低了建設成本，還加快了部署速度，在政府的支持下，許多地方社區和機構更方便地部署網絡。這種情況大大加快了網絡部署的速度，降低了網絡覆蓋成本，尤其是降低了時間成本。

4G 時代，各級政府的支持在移動通信領域發揮了巨大的作用。近年來運營商大規模提速降費，如今，較低的資費和廣泛的覆蓋範圍，不僅使城市地區，更使農村和偏遠地區進入了移動互聯網時代。為了搶佔技術制高點，中國工信部於 2019 年 6 月 6 日，正式向中國移動、中國聯通、中國電信、中國廣電發放 5G 商用牌照，成為繼韓國、美國、瑞士、英國等國家後，全球首批提供 5G 商用服務的國家，這比原計劃的 "2020 年正式商用" 提前了一年。

中國的 BATJ 等科技巨頭在全球排名領先，已經成為影響全球互聯網產業發展的重要因素，而且都有自己強大的科技信息支撐網絡，這為中國 5G 金融的全面推廣與發展，在技術上提供了藍圖或示範力量。同時，中國的移動通信網絡已獲得了高度發展，早期的網絡通信投資為 5G 的發展奠定了堅實的基礎。我們有理由相信，中國建立在 5G 基礎之上的 5G 金融，將迎來廣闊的發展空間。

二、中國研發推廣 5G 金融的不足

對於 5G 金融的開發與運用，中國也有很多不足之處不容忽視。比如各地區之間經濟發展不平衡，大量技術資源和流量主要集中在幾家超大型企業手中。此外，人們對 5G 金融的思想觀念還比較模糊，需要政府及行業統一思想認識，建立好協作交流平台，採取一致的行動，共同推動中國的 5G 金融發展。具體來看，中國開發運用 5G 金融的不足，主要體現在如下幾個方面。

1. 5G 金融初創企業數量太少

雖然中國出現了華為、阿里巴巴、騰訊這樣的全球頂級科技公司，但是，一個產業要發展壯大還是要依靠大量初創型企業形成合力，這些數量龐大的小企業主要提供細分領域產品的研發，但目前的數量太少。目前，中國的科技金融資源還主要集中在大型企業，主要的創新也來自大型企業，中國在支持初創型科技公

司方面做得還不夠。初創型企業不僅會面臨內部管理的問題，還會碰到外部融資、不公平的競爭環境等問題。各級政府要出台相關優惠舉措，加大對初創企業的融資支持力度，積極支持 5G 金融初創企業提質升級，還要積極支持 5G 金融科創團隊創業，加快成果轉化，推動中國 5G 金融發展走在前列。

2. 中小金融機構擁抱 5G 金融存在困難

中小金融機構就相當於中國金融系統的 "毛細血管"，是為實體企業提供 "養分" 的重要組織。中小金融機構是為市場主體和民眾提供便捷、普惠金融服務的重要平台，具有機制靈活、決策迅速的特點，在應用 5G 金融、推進普惠金融方面大有可為。然而，中小金融機構普遍缺少金融科技人才，5G 金融前沿科技方面更是如此。雖然 5G 金融是運用 5G 深度變革金融行業，但並非簡單的 "5G + 金融"，而是將大數據、區塊鏈、人工智能等先進技術運用到金融業務中。此類技術需要大量金融科技專業人才，而中小金融機構由於地處基層，難以招攬合適的金融科技人才，並且中小金融機構在科技研發方面成本收益比較低。目前，中國絕大部分農商行、村鎮銀行和部分城商行等主要扎根於一縣、一市或一省，客戶數量相對較少，研發金融科技應用的成本較大而收益率較低，導致中小銀行缺乏強勁的動力和目標去推動 5G 金融科技應用。此外，中國大部分縣域金融機構缺乏數據支撐和數據應用能力，5G 金融科技的發展需要海量的數據支撐。

但目前，中小金融機構由於客戶數量相對較少，並且這些金融機構數據收集能力相對欠缺，同時，在獲取數據後，中小金融機構也缺乏完善的分析體系和技術手段，無法對數據進行充分利用。

3. 5G 高端元器件依賴進口

5G 金融的開發運用在硬件方面離不開集成電路。然而，中國集成電路材料中，只有極小部分技術含量低的可以大規模生產。國際半導體產業協會數據顯示，在大尺寸硅片方面，中國的對外依存度超過 80%，日本、德國和韓國等控制的六大硅片公司的銷量佔到 95%。可見，絕大多數集成電路技術仍掌握在企業手中，而且生產加工設備也基本來自國外。賽迪諮詢公司 2018 年 5 月發佈的《2018 年中國 5G 產業與應用發展白皮書》預計，到 2026 年，中國 5G 產業總體市場規模將達到 1.15 萬億元。根據國內相關行業現有的產能，特別是 5G 應用細分領域的高端產能，暫時無法滿足如此大規模的需求。由此產生的市場缺口只能依靠進口，中國在 5G 半導體材料產業方面技術薄弱，令人擔憂。

顯然，只有順應需求、順應潮流、鼓勵創新，才能更有效地推動 5G 金融發展。目前，中國 "80 後" 和 "90 後" 是國內新一代消費的主力軍，對這一龐大的群體來說，金融服務有兩個明顯的需求。一是樂於接受和包容新事物和新模式，對金融服務水平提出了更高的要求。基於此，新興的 5G 金融產品和服務

必須貼近消費主力軍的需求，才能更好地發揮推廣作用。二是
5G 金融更多應用於跨越時間和空間的領域，需要共享、共贏、
開放、合作的思維，形成一個具有各種優勢和包容性的開放生態
系統。

　　總之，中國要通過開放市場、加強創新、進行適度監管等
手段，來引領和鼓勵金融科技的發展，唯有如此，5G 金融才會
獲得更快更好的發展，讓中國在 5G 金融時代成為全球金融業的
領頭羊。

複雜的國際環境下中國如何大力推進 5G 金融

　　近年來，全球市場對 5G 投入巨大，5G 金融即將成為業界
熱點。從發展的路徑看，5G 金融涵蓋了金融業的數字化創新和
商業模式創新，其核心涉及移動支付、大數據、數學模型與交
易系統、人工智能與機器學習、數字貨幣、區塊鏈等方面。因為
5G 的商用才剛剛在全球幾個主要國家開始，所以 5G 金融在國
際上的認知度還不高。

　　目前，國際社會清楚地認識到 4G 還存在不少短板，並清
楚了解 5G 的革命性進步，所以紛紛在 5G 方面發力。這為中國
推進 5G 金融提供了比較有利的國際環境。所謂 "樹欲靜而風不
止"，值得注意的是，基於不同國家存在競爭以及美國不遺餘力
遏制中國的現實，未來中國在推進 5G 金融過程中，必然會遇到

這樣或那樣的阻礙。

一、對中國推進 5G 金融有利的國際環境

當前，中國在 5G 金融推廣上面臨著較好的國際環境。具體表現在以下三個方面。

1. 5G 金融符合人類社會發展需要

目前，包括 5G 金融在內的金融科技已逐步成為全球性話題，世界各國以及國際組織對 5G 及 5G 金融的重要作用有著清醒的認識，了解這些技術符合人類社會發展的需求，而且無論是強國還是窮國，無論是大國還是小國，都有選擇發展的合法權利。任何不正當的打壓和阻礙，都只會遭到唾棄。

各國為了搶得 5G 的發展主動權，紛紛投入大量的人力、物力和財力，而建立在 5G 之上的 5G 金融，勢必也將出現激烈競爭。或許，出於自身技術實力和市場規模等方面的差異，大部分國家在發展 5G 及 5G 金融時步伐較慢，但這一天終究會到來。隨著 5G 的商用，各領域、各行業都將迎來重要發展機遇，其中金融領域是重中之重，關係著國家社會經濟的整體發展水平。如今，世界各國對 5G 和 5G 金融的重視和渴求是毋庸置疑的。

從全球範圍來看，4G 時代，受到市場牽引的諸多新技術已經被金融機構廣泛應用於風險防控、業務拓展、內部管理等方

面，金融機構的服務水平得到了很大提高。其中，雲計算、大數據、人臉識別等技術層出不窮，這使以前不敢想象或無法完成的金融服務成為可能。5G 金融時代，金融服務實體經濟和普惠金融的發展方向將更加明確，作為一種技術驅動的金融創新，5G 金融的本質仍然是金融，服務實體經濟和普通民眾不僅是金融的職責和宗旨，也是金融發展的活力所在，這一基本價值和發展方向不僅是中國所強調的，也是各國的共同理念。

2. 全球金融機構積極擁抱金融科技，為 5G 金融奠定基礎

目前，各國以商業銀行機構為代表的傳統金融機構，尤其是跨國金融機構依託自身雄厚的金融科技實力、品牌以及人才優勢，紛紛在金融科技方面進行戰略規劃與佈局。雖然目前還無人打出"5G 金融"的口號，但金融巨頭們在移動金融、線上貸款、網絡銀行等業務領域所做出的努力，就是在為即將到來的 5G 金融時代做準備。與此同時，傳統金融機構與通信運營商和科技企業在技術研發、數據共享、風險管理等方面的合作也越來越多。其中典型的例子，就是支付寶、微信與各大銀行、保險、證券的戰略融合。目前，支付寶和微信提供的服務幾乎涉及銀行、保險和證券的各個方面。依靠支付寶和微信支付，人們可以方便地在網上購物、支付日常生活費用、掛號、購買小額理財產品、買車票、預訂酒店、做公益，這些生活和金融服務大大降低了整個社會的交易成本。近年來，隨著中國經濟的增長進入新常態，傳統

的貨物和服務進出口貿易已經放緩，新型跨境市場已經爆發。讓人欣喜和自豪的是，支付寶、微信支付、百度錢包等非銀支付企業紛紛走出國門，成為全球支付的一個重要方式，為各國民眾的金融生活提供了有利條件。

金融科技創新是不可阻擋的潮流。目前，全球金融技術已從早期的互聯網技術迅速轉變為大數據、雲計算、區塊鏈和人工智能。如今，金融科技不僅深刻改變著全球金融業的發展格局，為社會經濟發展和民眾生活帶來便利，反過來也在大力推動全球金融業的發展。5G 金融並沒有改變金融的本質，但它將變革金融的方方面面，尤其是支付寶、微信支付等非傳統金融機構的大獲成功，讓全球金融機構認識到了科技的魅力，這為 5G 金融的推廣應用帶來示範效應。

3. 國際上對金融科技的監管不斷完善，行業自律性增強

金融科技在取得猛進發展的同時，也面臨監管難題。目前，由於各國經濟社會發展水平、金融發展程度和法律監管體制的不同，各國對金融科技的監管也存在著較為明顯的差異。例如，英國和澳大利亞對金融科技實行 "沙盒監管"（指在開發軟件的過程中，建立一個與外界環境隔絕的測試環境，工程師會在沙盒內放置軟件測試其功能。通過建立沙盒，為一些來源不可信、具備破壞力或無法判定程序意圖的程序提供試驗環境，同時，沙盒中進行的測試多是在真實的數據環境中進行的，兼顧了

測試的準確性與安全性），在控制風險外溢的情況下鼓勵創新；美國等國家實行功能性監管，凡是金融科技涉及的金融業務，一併按其功能納入現有金融監管體系。但是，無論金融監管的框架和方式如何，各國對金融科技監管取得了很大的成效，也在不斷完善之中。英國、中國、新加坡、澳大利亞、日本、韓國等國家簽署了一系列雙邊監管合作協議。而全球監管沙盒計劃的實施，可使金融科技企業同時在不同轄區進行測試，解決跨境監管問題，這為 5G 金融全球化，也為中國 5G 金融更好地走向世界創造了條件。

同時，金融科技行業自律性日益增強，這也為 5G 金融發展提供了較好的生態環境。金融科技行業自律可以形成對監管的有益補充和支持，如果金融行業的自律功能得到很好的發揮，從業人員的守法性和謹慎性較高，那麼金融科技行業的自律性就會更強，也就更能防範 5G 金融推廣運用中不規範，甚至是不道德的行為，監管也將相對更加靈活有效；反之，則會迫使監管部門提高監管剛性，採取更加嚴格的監管理念和措施。目前，5G 金融科技行業發展的經營模式和業務規則剛剛起步，仍需不斷完善。

二、對中國推進 5G 金融不利的國際環境

當然，我們也應理性看到，中國在推進 5G 金融的過程中，也面臨複雜的國際環境。一方面，主要國家高度重視 5G 發展，

積極推動 5G 商用規模部署，接下來在金融方面的競爭也會加劇；另一方面，中國在 5G 技術、標準、產業方面的發展，引起美國及其盟友的擔憂，以安全為由對中國企業進行打壓，給中國 5G 產品的國際化帶來不利影響，中國的 5G 金融要走向國際，勢必會面對更多的政治障礙和市場障礙。具體的不利因素有如下幾大方面。

1. 中國企業面對國際市場的打壓

在數字經濟時代，大國之間的競爭主要集中在高新技術領域。對中國知識產權保護力度不足、強制技術轉讓等問題上的指責，反映出作為世界霸主的美國對於失去科技優勢的擔憂。2019年 5 月 15 日，美國總統特朗普簽署了一項行政命令，宣佈美國進入緊急狀態，禁止美國企業使用外國公司生產的電信設備，理由是這些設備會對國家安全造成不利。隨後，包括英特爾和高通在內的數家芯片供應商切斷了對華為的供應，谷歌宣佈暫停與華為的部分業務往來。面對日益嚴峻的競爭形勢，中國有許多困難需要解決。

首先，要擺脫對美國核心技術的依賴。以半導體為例，目前電子設備相關產業幾乎都屬於半導體領域，如芯片、雷達等。根據 CIIS（中國國際問題研究院）報告，中國使用的半導體只有 16% 在國內生產，其中一半由外國企業生產，而美國作為半導體工業的發源地，在這一領域有不可動搖的領先優勢。因此，要想從根本上擺脫科技競爭中的被動地位，中國必須提高自主創新能力，實現核心技術的突破，以擺脫對美國的依賴。

其次，在制定技術標準時要爭取話語權。技術標準是國際規則的一部分，國際規則規定技術產品的研究、開發、生產和流通應當遵循什麼樣的規範，這也是技術進入市場的一個"基本門檻"，建立具有自身較高技術水平的技術標準，意味著企業可以獲得巨額的專利費，在這一領域具有壟斷性的技術和價格優勢。在 2G 和 3G 時代，高通芯片佔據了手機市場的半壁江山。根據《華爾街日報》的數據，中國在 5G 標準基本專利和 5G 技術標準提案數量上處於領先地位，這意味著中國正在積極參與國際通信標準制定的競爭。過去，在高新技術領域的國際技術標準幾乎都是由西方發達國家主導的，中國的加入必然導致國際規則話語權的爭議更加激烈。

最後，中國必須加大對科研創新和人才培養的投入。第二次世界大戰後，美國成為世界上科技最發達的國家，並保持了在世界科技領域的領先地位。很長時間以來，支撐美國科學技術可持續發展的重要因素是，美國建立了一套先進的科技創新體系，包括政府資助的基礎研究、多元化的投資機制和刺激創新的文化環境，這是決定制度有效運行的關鍵，也是美國科研商業化能力的重要保障。由此可見，中國應加大對科研創新和人才培養的投入，在儘可能短的時間內提高中國的科技水平。但要創造一條 5G 金融的"快車道"，還需要更多的耐心和智慧，更需要鼓勵創新、實現科技與市場良性互動的自然環境和技術創新體系。

2. 世界各國 5G 行業的競爭加劇

目前，全球多個國家和地區的運營商都在積極推進 5G 商用部署，一些運營商初步推出了增強移動寬帶服務的業務應用。

據東方資訊網，2018 年 9 月，美國聯邦通信委員會啟動 "5G 加速發展計劃"，在頻譜、基礎設施政策、市場化網絡監管等方面為 5G 發展鋪平道路，意在領先全球 5G。"5G 加速發展計劃" 的主要內容有：鼓勵私營企業投資 5G 建設，加快政府部門對 5G 網絡的審查進度，採取措施為 5G 業務提供更多頻譜，向市場投放近 5000 兆赫的 5G 高頻頻譜，完善 5G 相關法規，鼓勵投資和創新，確保美國 5G 通信供應鏈的完整性和安全性等。目前，在美國最大的電信運營商威瑞森（Verizon）成為第一家 5G 運營商之後，美國電話電報公司（AT&T）於 2019 年 4 月 9 日宣佈將其 5G 網絡部署到另外 7 個城市。包括此前新增的 12 個城市，美國 5G 網絡覆蓋範圍將達到 19 個城市。此外，移動電話運營商 T-Mobile 和 Sprint 將相繼推出 5G 商業服務。

韓國、日本也不甘示弱。三家韓國電信運營商於 2019 年正式推出 5G 商用服務，2019 年 4 月 8 日，韓國政府召開 "5G＋戰略" 會議，宣佈將在國家層面推進 5G 戰略，建設世界級的 5G 生態圈。日本的電信運營商計劃到 2020 年商用 5G，並正在積極推廣 5G 應用。日本總務省已確定了 13 個 5G 應用領域，重點關注車聯網、遠程醫療、智能工廠、緊急救援等應用的新商業模式。

歐洲方面，瑞士電信在 2019 年 4 月 11 日舉行的 5G 商務會議上正式推出 5G 商務服務，其 5G 網絡基於 3.5GHz（千兆赫茲）頻段。它現在覆蓋了 50 個城市和村莊，並計劃到 2019 年底在瑞士所有城市和村莊實現 5G 網絡覆蓋。

可以說，各國 5G 金融競爭日趨激烈。2019 年 6 月 6 日，工業和信息化部正式向中國電信、中國移動、中國聯通、中國廣電頒發 5G 商用許可證，標誌著中國進入 5G 商用元年。

通過各國佈局 5G 可以發現，5G 帶來的機遇和挑戰將遠遠超過 3G 和 4G，將給汽車、工業製造、醫療、物聯網等行業帶來巨大的經濟效益，也會給金融業帶來巨大的發展機遇。目前，5G 尚處於商業化部署的初級階段，隨著 5G 商業網絡的正式大規模啟用，將帶來另一片天地。因此，中國要動員產、學、研三方共同努力，加快 5G 網絡的商業部署和業務應用，繼續推進 5G 標準化，不斷完善 5G 相關標準，進一步加強 5G 網絡的集成和研究。以雲計算、大數據、人工智能等技術創新 5G，全面深化 5G 國際共識，促進國際合作；推動 5G 與垂直產業深度融合，探索新需求、新技術、新模式，構建開放共贏的全球 5G 生態，為 5G 金融的全面推進營造有利的環境。

很明顯，在全球經濟增長乏力和國際單邊主義盛行的情況下，中國應該加快 5G 及 5G 金融的建設步伐，這不僅可以撬動龐大的產業鏈，增強國內投資和消費，促進國內經濟復蘇，還可以向國際社會充分展示中國在 5G 及 5G 金融領域的領先優勢，產生示範效應。花香自有蝴蝶來，國內 5G 金融市場做得好，自然會有溢出效應。未來，國際社會將向中國購買 5G 金融的技術專利費，中國的 5G 金融將成為各國學習的標杆。

　　總之，儘管當前國際環境的不確定、不穩定因素增加，但中國在 5G 金融方面的發展形勢依然向好，過程可能曲折，但前景一片光明。

中國推進 5G 金融的優勢與劣勢

　　2019 年，5G 銀行網點大量湧現，不少銀行推出了嵌入 5G 元素的 "網紅" 業務網點。顯然，如今 5G 還沒有 "飛入尋常百姓家"，5G 銀行網點的改造只是初步應用。未來，5G 金融將更深入地滲透到移動支付、投資理財、數字貨幣等方面。

　　回顧 3G 和 4G 時代，移動通信技術作為重要的基礎設施，在金融業的基礎技術中起著根本支撐性作用。3G 時代到來後，智能手機越來越普及。從那時起，移動金融服務開始了。4G 時代，移動互聯網誕生，推動著互聯網金融和金融技術的興起，尤其是大數據、人工智能等技術在金融領域得到了廣泛應用，商業銀行繼續將業務重心從傳統的線下門店轉移到線上門店，各種直銷銀行和網上銀行紛紛湧現。與此同時，騰訊、阿里巴巴等科技巨頭涉足金融業務，並取得不俗戰績，讓傳統金融機構更加清醒地認識到了生存危機。此後，傳統金融機構與科技公司的合作與融合開始加速。

5G 與金融的深度融合將催生 5G 金融。隨著 5G 的廣泛應用，在協助新興技術落地、優化現有技術應用的過程中，也將重塑金融行業，為金融業注入無限新活力。此前停留在概念階段的"智能金融"、"物聯網金融"和"智能銀行"等術語有望成為現實。

一、中國推進 5G 金融的優勢

中國在推進 5G 金融方面的優勢十分明顯，當前的現實情況是，除了少數地方性金融機構外，大部分金融業機構及人士對 5G 金融的推廣有緊迫感和危機感。加上各級政府的重視，以及龐大的人口規模和市場需求等，都為 5G 金融的推進帶來巨大的動力。

1. 中國具有"集中力量辦大事"的優勢

中國現有金融企業科技化程度相比以往得到大幅提高，除了極少數地方金融機構之外，絕大部分金融機構在推進 5G 金融方面都具備一定的基礎，並且都清楚佔領 5G 金融這一制高點的戰略作用和巨大發展潛能。因此，推進 5G 金融，金融機構都會有強烈的主動性和積極性。

　　經過改革開放 40 年的快速發展，中國經濟建設取得了巨大成就，社會生產力水平總體上有了顯著提高。社會生產能力已在許多方面走在世界前列，國內生產總值穩居世界第二位。與貧困做鬥爭取得了決定性的進展，6000 多萬貧困人口穩步脫貧，貧困發生率由 10.2% 下降到 4%，很快將全面建設小康社會。人民對美好生活的需求越來越廣泛，發展不平衡不充分已成為滿足人民日益增長的美好生活需要的主要制約因素。中國特色社會主義進入新時代，以 GDP 為中心的經濟增長戰略難以解決這一問題。要解決這一重大矛盾，必須建立現代經濟體制，促進社會經濟均衡全面發展，這樣人與人之間、地區與地區之間的經濟發展差距才有可能縮小，人們走向共同富裕的目標才能實現。

　　十九大報告創新性地提出 "現代化經濟體系" 這一重要範疇，其內涵包括深化供給側結構性改革，加快建設創新型國家，實施鄉村振興戰略，實施區域協調發展戰略，加快完善社會主義市場經濟體制，推動形成新的供給側結構，推動經濟發展質量變革、效率變革、動力變革，提高全要素生產率，增強經濟創新能力和競爭力。要做到這一切，金融的推動作用不可忽視。

　　從現實看，為實體經濟服務是金融業的使命，也是金融業生存和發展的基礎，金融體系通過促進資本積累、引導資源流動、提高生產效率等來促進經濟發展，而且要提高金融交易效率，尤其需要鼓勵金融科技的進步。

　　十九大報告為中國 5G 金融的發展指明了方向。在新時代，抓住建設現代化經濟體系的契機，充分發揮引領效應，促進金融業創新發展，實現經濟協調發展，既是中國 5G 金融發展的必由之路，也是建設現代化經濟體系的重要環節。

　　中國經濟已從高速增長階段向高質量發展階段轉變，當前正處於轉變發展方式、優化經濟結構、轉變增長動力的關鍵時期，在構建現代經濟體系的過程中，實體經濟的新要求將不斷湧現。金融科技要及時抓住新時代的歷史機遇，大力支持供給側改革，加快創新發展，積極發展普惠金融，鼓勵發展消費金融，擴大金融開放，加快實現跨越式發展，才能從根本上滿足人們對美好生活的新期待。更重要的一點，中國特色社會主義制度能夠有效整合社會資源，具有“集中力量辦大事”的優勢，在 5G 金融的推廣中，這一優勢仍將發揮重要作用。

2. 中國 5G 金融推廣具有堅實的社會物質基礎

　　中國已成為全球第一貿易大國，也是第二大消費市場，這使得 5G 金融推廣有堅實的物質基礎。雖然美國在金融科技方面領先於中國，但中國在幾年內超過美國是可以預期的，可以說，中美兩國在金融科技領域各有優勢。

　　中國在金融發展方面還有巨大潛能。其中一個明顯的特徵，是中國還有大量未能享受基本金融服務的人群。權威數據顯示，截至 2017 年 11 月底，央行徵信中心共收集自然人信息

9.5 億條，有貸款記錄的約 4.8 億人，央行個人徵信覆蓋率為約 50%。

中國擁有規模龐大的小微企業。據《經濟日報》報道，截至 2017 年 7 月底，中國小微企業名錄中收錄的小微企業已達 7328.1 萬戶。國家統計局的數據顯示，截至 2017 年末，全國企業法人約有 2800 萬戶，個體工商戶約有 6200 萬戶，中小企業在市場中的比重超過 90%，中小企業是國民經濟的重要支柱。據中國人民銀行行長易綱 2018 年 6 月在一個論壇上表示，小微企業貢獻了全國 80% 的就業、70% 左右的專利發明權、60% 以上的 GDP 和 50% 以上的稅收。在這些個體工商戶和小微企業中，大部分的金融需求是現實而緊迫的。但在現行監管制度和服務體系下，處於資金安全和防範風險的考慮，金融機構對小微企業和個體戶的金融需求很難完全滿足，甚至說還存在現實困難。5G 金融時代，隨著金融科技越來越先進，小微企業和個人金融消費服務不足問題將得到解決。

3. 中國在 5G 領域擁有技術優勢

眾所周知，目前，中國的 5G 技術走在世界前列，而 5G 金融的基礎正是目前各國紛紛投入資源、搶奪話語權的 5G 技術。中國在這一方面擁有較大技術優勢，無疑將為 5G 金融的推廣奠定技術基礎。

二、中國推進 5G 金融的劣勢

當然，中國也存在一些弱勢。比如，中國經濟發展的地區差異給 5G 金融的全面推廣帶來了不少壓力和障礙，地方中小金融機構受到資本實力不足、經營拓展能力弱、金融科技人才少等方面的限制，在推進 5G 金融建設上可能會出現速度遲緩，或心有餘而力不足的狀態。具體來說，這些弱勢主要表現在如下方面。

1. 中國數據治理經驗不足，可能影響 5G 金融的全面推廣

5G 具有萬物互聯的特點。除了中國龐大的用戶群體外，5G 金融時代，物與物、人與物、人與人之間將產生海量數據，並呈幾何級指數增長，如何存儲和科學使用這些數據是金融機構面臨的一大挑戰。目前，中國政府部門、金融機構和科技公司在數據採集、數據存儲、數據傳輸和數據處理等方面都存在不足。同時，人工智能由數據和算法組成，5G 金融極大地增加和豐富了數據維度，這也意味著算法需要重構，而中國在算法開發和發展方面，與國外還有很大差距。

首先，中國各級政府、金融機構、科技公司、網絡借貸平台之間的數據還未真正實現共享，導致出現金融數據孤島和行業數據碎片化特徵。比如，現在各大銀行都設立了線上消費貸款，P2P 平台也有此類貸款，但銀行和借貸平台間的數據，由於競爭

等原因而無法共享。而傳統金融機構、P2P 平台和科技公司在進行金融業務創新和提供金融創新服務時，往往需要更準確的用戶數據。此外，金融業的數據也未能與政府部門實現互聯互通，如社保、稅收、犯罪、交通等信息，都是割裂的。未來，5G 金融需要對這些數據孤島一一打破。

其次，中國金融機構數據治理的專業化程度不高。目前，雖然數據已逐漸受到金融機構，尤其是大型金融機構的重視，但是很多區域性中小金融機構數據治理工作嚴重滯後，大型機構的數據處理也處於分散化狀態，沒有形成自上而下的專業治理體系，專業的數據崗位和不同層次的專業數據管理人員隊伍也比較缺乏。令人尷尬的是，出於部門利益需要，不同部門之間的數據搜集、整理、分析、使用、保護都不能實現很好的共享。

最後，金融機構缺乏數據治理文化的概念。未來，數據治理文化理念必須得到明確，這意味著金融機構的公司治理和經營的總體理念，要從 "經驗主義" 向 "數據主義" 轉變，這就要求金融機構在行業競爭中真正認識到數據的價值。目前，絕大多數金融機構在戰略決策中嚴重缺乏數據使用意識，部門領導不了解數據情況和應用場景，不同部門之間數據共享和數據流意識淡薄，這些都是缺乏數據治理文化的表現。要想在 5G 金融時代獲得競爭優勢，要求金融機構要建立良好的數據文化，樹立數據是重要資產、數據要真實客觀的觀念和標準，增強用數意識，遵循按規用數、按數用數的職業道德，最終實現對數據信息進行科學化管理。

因此，5G 金融時代，隨著金融數據信息的快速擴張和技術手段的快速更新，迫切需要中國從政府到行業再到個人，在思維觀念層面要從"大數據管理"向"數據即戰略資產"的方向轉變，更需要決策層統籌做好數據治理的戰略規劃和工作推進機制。

2. 中國網絡安全風險管控與發達國家差距明顯

2017 年，國內部分銀行成為 OpIcarus（黑客攻擊行動）的攻擊目標，其中包括五家國有銀行，在這種情況下，國內金融業必須注意防範網絡攻擊。與現有相對封閉的移動通信系統相比，5G 的接入用戶和智能終端的數量是相當多的，因此，用戶、移動網絡運營商和基礎設施提供商之間的信任比以往更為重要。更重要的是，中國金融機構和科技公司在數據理解、網絡安全保護等方面與發達國家存在較大差距。對金融行業來說，數據的安全性要求遠高於其他行業，在萬物互聯的 5G 網絡環境下，金融機構有可能面臨更大規模、更高頻率的惡意網絡攻擊，一旦這種不幸事件發生，波及的範圍將更廣，所帶來的損失將更大，甚至可能是毀滅性的災難。

因此，即使由 5G 等科技驅動的金融創新發展到一定程度，金融的風險屬性也很難改變。傳統金融固有的脆弱性在 5G 金融領域依然存在，並且金融風險的外溢性不可忽略。這告訴我們，網絡安全始終是 5G 金融科技發展的生命線，無論何時都要把金融安全和金融發展放在同等重要的位置，全面做好網絡風險管理，建立起網絡安全防範體系和應急保障體系，有效保障網絡安全以確保 5G 金融始終平穩健康發展。

隨著 5G 新興金融業態的發展，5G 金融系統與各種 5G 金融公共平台有著廣泛的聯繫。客戶信息保護不再局限於金融機構，第三方機構造成的數據泄露同樣不可忽視。可以預見，客戶隱私保護將面臨更大挑戰，尤其是隨著金融機構與其他機構跨行業、多渠道合作的增多，金融業的信息安全問題將日益突出，傳導風險必須引起各方高度重視。

3. 中國在保護用戶隱私方面遠遠不足，容易埋下隱患

5G 將催生更加豐富的金融場景和支持更多的應用服務，因此金融機構將涉及大量的用戶隱私數據，如終端硬件標識、用戶 ID（賬號）、用戶身份及行為偏好等，在金融場景中，還有可能涉及大量敏感的用戶財務數據、交易數據等。5G 一旦將這些個人數據從相對封閉的系統傳輸到開放的系統，一個人裸露在眾人眼前的風險就會大大提高，一旦數據泄露，將導致嚴重的後果。因此，電信運營商和金融機構需要提供更嚴格可靠的隱私保護方案，不留死角和盲區。

值得注意的是，個人隱私、數據保護、數據採集和處理風險無處不在，如何合理界定數據使用範圍，如何保護金融消費者的隱私都將面臨巨大挑戰。在金融機構的經營過程中，大量數

據都將通過網絡傳輸。在 5G 時代，數據安全與企業的生存息息相關。在金融領域，客戶數據是金融機構的核心資產，客戶數據的採集、存儲、計算和分析，涉及用戶的消費習慣、現金流量等多個方面，而客戶習慣、銀行消費記錄等數據既是金融機構的金礦，對黑客來說也意味著巨大的價值，受利益驅使，黑客肯定會想盡辦法獲取這些數據。一旦遭到黑客攻擊，金融機構和用戶將遭受巨大損失。從臉書上 5000 多萬用戶信息泄露，到谷歌因數據泄露而關閉"谷歌 +"服務，再到華住酒店 5 億條用戶信息被盜，可以看出有數據的任何一個角落都可能成為不法分子侵犯隱私和進行網絡犯罪的溫床。

總而言之，5G 金融時代，中國金融機構一方面要大膽擁抱新技術帶來的好處，另一方面也要以最高的要求保護用戶隱私。而中國在個人隱私保護方面，還有一段很長的路要走。

4. 中國 5G 專業人才匱乏

中國能否成功推進 5G 金融的建設，關鍵還得靠大量的專業人才。未來，金融市場需要更多懂數學、懂金融、懂科技的複合型金融科技人才。人工智能越發達，人的智力就顯得越寶貴。除了複合型人才之外，未來，金融行業將衍生更多細分行業，這些細分行業自然也需要大量的專業人才，比如數據分析師、數據建模師、保險評估師、風險分析師等。中國擁有 14 億人口，肯定不缺人才，但高端人才比較匱乏。因此，為了順應時代和 5G 金融的行業需要，中國在人才培養方面要下大力氣，及時對市場需求做出反應，增設相關專業，而不是讓人才培養與國家發展和行業發展需求脫節。目前，雖然中國在 5G 金融推廣方面存在一些不足，但值得期待的是，有著強大綜合國力作為保障、先進的 5G 作為技術支撐，5G 金融在中國的推介必將取得巨大成功。

第四章

5G 金融推廣需要解決的問題
及政府的角色定位

5G 金融全面推廣面臨的困難與障礙

回顧 3G 和 4G 時代，移動通信技術的發展已經直接影響金融業，作為一項重要的基礎技術，它一直在為其他社會經濟活動提供技術支持。3G 時代，智能手機開始普及，推動移動金融服務起步；4G 時代，人工智能、雲計算、大數據等技術的應用，也得益於基礎網絡速度的提升，進而推動互聯網金融和金融科技迅速崛起，金融服務觸手可及，移動支付、手機銀行、線上理財等也逐漸成為人們生活內容的重要一部分。

4G 改變生活，5G 改變社會。可以預見，5G 會改變諸多行業和社會生活的方方面面，對金融行業的改變，將是革命性的顛覆。但鑒於 5G 的商用開始時間不長，其技術的完善和成熟需要一個過程，因此，5G 金融的發展肯定會受到相關制約，其全面推廣也會面臨不少的問題。比如，金融業的關係協調問題，不僅各金融機構之間要處理協調好技術合作關係，金融機構與監管部門也要統一思想認識，制訂出行業發展計劃；金融機構還要與科技公司處理好關係；金融機構更要解決好與客戶之間的信任關係，打消客戶對信息保護的顧慮。

因此，與 3G 和 4G 悄然改變金融業不同，5G 金融涉及的面更廣，安全性要求更高，參與各方必須高度重視，做好分工協作，才能達到目標。在全面快速的推廣過程中，面臨的困難和阻礙有以下幾個方面。

一、金融基礎設施不完善

總體來看，目前的 4G 網絡已經難以應對海量的數據傳輸需求，5G 的誕生和發展也是時代發展的現實需要。

根據前瞻產業研究院發佈的《中國 5G 產業發展前景預測及產業鏈投資機會分析》，目前，中國 5G 產業的爆發已經到來，這僅僅從移動數據流量的增長趨勢上就可以看出來，這是中國移動數據流量增長給現有移動通信基礎設施帶來的挑戰。但是，中國 5G 產業還不是很成熟，終端芯片、系統等合作環節還不緊密，產業生態還沒有建立起來。

從現實需要看，5G 產業的發展不僅是如何提高傳輸速率的問題，更是終端數量和流量密度激增導致用戶體驗感下降的問題。要想徹底發展 5G，必須保證網絡資源按需分配到不同的設備上，保持 5G 的傳輸速率不變，並實現多設備連接的穩定性，允許用戶在不同的應用場景中順利切換。同時，降低成本也是

5G 產業聚集大量用戶的核心問題之一。

　　首先是 5G 基站的覆蓋問題。在 2G 時代，一個基站可以覆蓋 5 公里以上，4G 時代的基站可以覆蓋 1~3 公里。根據目前 5G 試點的情況，一個 5G 微基站大概只能覆蓋到 100~300 米，遇到建築等障礙物還會縮減。中國聯通在北京金融街的測試是，11 個微基站覆蓋了 3.6 公里的街道，這是因為街道上沒有障礙物，只有少數人使用 5G 網絡，在這種測試狀態下，幾乎是純測試。根據 AT&T 的測試，5G 信號只能覆蓋 180 米，它幾乎是一個很大的 Wi-Fi。同時，5G 信號覆蓋範圍小，信號穿透性差，主要是由於中高頻頻段的使用造成的。沒有革命性的天線技術，很難提高 5G 信號覆蓋率。因此，華為高管余承東在 2019 年出席中國（深圳）IT 領袖峰會時，曾呼籲將 5G 技術應用於 2G 和 3G 頻段，這證明現階段 5G 信號覆蓋範圍太小。

　　其次是 5G 網絡實際速度問題。據新浪網報道，2019 年 4 月 3 日晚 11 點，韓國三大通信運營商 SKT、KT、LGU+ 率先開始面向消費者的 5G 商用，這也使得韓國成為全球第一個開通 5G 商用的國家。在韓國部署 5G 是最極端的，依靠高額補貼，在幾十年內實現從 0 到 100 萬用戶的跨越。然而，網絡信號監測公司 OpenSignal 發佈了一份關於韓國 5G 網絡實際測量與分析的報告：5G 手機平均下行速度為 13.9Mbps（兆比特每秒），甚至不如 4G 旗艦手機平均下行速度 16Mbps，這種網速相對於 4G 網絡沒有多少優勢。另外，2019 年 4 月，美國運營商 Verizon 在芝加哥和明尼阿波利斯啟動了 5G 試點項目，測試中 5G 信號不穩定，信號的穿透力很差，尤其是室內信號很差，一進入大樓就回落到 4G，5G 穩定下載速度在 400~600Mbps，與理想中的速度有一定差距。

最後就是功耗問題。由於高頻覆蓋差，低頻覆蓋好，但是 5G 沒有革命性的技術，所以採用了其他更為激進的方式來增強高頻擴容。不過，雖然高頻帶寬資源比較多，但覆蓋面太差，所以國內不敢用高頻，只敢用中頻。然而，由於商業頻段高、新增站址困難，即使使用中頻頻段，也很難實現連續的網絡覆蓋。5G 現階段的另一個問題是功耗，5G 基站的功耗是 4G 的 2.5~4 倍，根本原因是 5G 技術升級困難，主要是依靠暴利囤積來提高網絡速度，結果使整個系統的功耗呈爆炸式增長。據中國電信估計，如果廣東省要讓 5G 使用實現全覆蓋，不出現 "無信號盲區"，那麼年電費將達到 200 億元，根據開放網絡計劃，中國電信和中國聯通的 5G 基站將是目前的兩倍多。換句話說，光是電費就足以讓運營商頭疼，正是因為這個原因，有網友戲稱 "國家電網是最大的贏家"。

除了高昂的電費外，5G 設備也很昂貴，再加上 5G 基站密度要翻一番，將導致聯網成本非常昂貴，龐大的聯網和維護成本最終將轉嫁給用戶，這將使現有的商業模式難以為繼，也會給 5G 金融的全面推廣帶來一定的障礙，因此，必須找到新的模式。

二、5G 安全性存在一定隱患

5G 時代，因為萬物互聯，安全問題是大家最為關心的，這好比高速鐵路網絡相比普速鐵路更加需要安全是一個道理。雖然 5G 金融被稱為未來金融，它的推出似乎迫在眉睫，但其超高速、超便利的金融服務可能存在安全隱患。

種種研究表明，5G 系統引發了人們對下一代移動通信的安全的擔憂。這項新興技術正在迅速推廣，但如果該系統要提供安全可靠的服務，安全性需要大大提高。如今，全球三分之二的人口每天使用智能手機，並通過 SIM 卡（用戶識別卡）與世界各地的人進行通信。4G 時代電信詐騙已經防不勝防，5G 是否足以提供強大的安全保護，這真是一個令人擔憂的問題。未來，5G 不僅在打電話、發圖片、投資、支付和購物時使用，也會用於無人駕駛、物聯網設備和工業製造等場景中，就算 5G 運營商承諾比以前的網絡更快、更安全，但事實上可能會存在一些安全隱患。當然，電信運營商肯定會提出一些改進措施來彌補這些漏洞，但金融行業的特殊性眾所周知，一旦隱私保護不夠完善，出現泄密，產生的後果將比 4G 時代更為嚴重。尤其是 5G 技術尚不穩定和成熟，新技術的引入可能會產生始料未及的安全問題，所以，5G 金融的全面普及應該在確保安全的基礎上進行，而不是急於求成。

三、5G 金融的風控技術含量要求較高

　　5G 金融發展的核心是風控，與傳統的金融風控相比，5G 金融風控的局面發生了很大變化。過去，傳統金融風險控制更多的是做好內部管理，預判外部環境波動帶來的影響。比如操作風險、道德風險，就是要做好內部操作流程管理和員工教育；信貸風險、市場風險等只需做好信貸管理和客戶調查，以及應對好來自外部利率、匯率的波動帶來的風險。5G 金融到來後，風險更多來自技術等較難把控的領域。未來，人工智能和大數據等技術會成為應對 5G 金融風險的標配，但作為技術支撐的人工智能，本身可能也存在漏洞和風險，好比很多高科技武器都依賴於 GPS（全球定位系統），一旦 GPS 受到攻擊，再先進的武器都是廢鐵。

　　從金融業的發展進程看，5G 金融的業務結構肯定會越來越複雜，交易速度更快，服務項目更多，風險也會更大。通常情況下，不少過程由智能系統控制，一旦系統設計出現問題和錯誤，就會造成不可估量的損失，這將為 5G 金融的發展蒙上陰影。同時，現在很多不法分子打著普惠金融的名義，鑽監管的空子，監管部門必須建立制度之牆，從而有效遏制這種渾水摸魚的非法金融行為。

　　5G 為金融業帶來了新技術，勢必會大幅增加金融業的產品和服務，這必然也會給監管帶來新挑戰。之前傳統的監管制度和理念，在新時代可能不再適用，因此必須了解和掌握 5G 金融的

發展特點、發展規模和潛在風險。在此基礎上，應盡快探索符合中國 5G 金融健康發展的監管制度和方法。在探索過程中，可能還會遇到各種無法預料的問題，可能會給 5G 金融的發展帶來一些障礙。比如最近幾年監管部門比較頭疼的 P2P 網絡借貸，出現了很多傳統金融沒有過的新問題。之前，無論銀行、保險還是證券，都由相關行業主管部門頒發牌照，而 P2P 在較長一段時間，根本沒有牌照一說，甚至連資金存管都存在問題，但這種平台又確確實實解決了一部分企業和個人的融資問題和投資需求，作為監管機構，肯定不能一棍子打死，只能邊走邊看，通過行業自律和出台監管政策對其進行引導和規範。經過多年的努力，P2P 行業終於從最初的野蠻生長逐步走向平穩，不合規的平台紛紛主動退出或被清理離場。

值得注意的是，5G 金融即便主要依靠先進的技術，但在很多環節還是需要人來協助判斷和處理的，而有人的地方，就存在道德風險問題。因此，除了解決技術漏洞，如何把人管好，也是重中之重。

四、5G 與金融深度融合存在難點

5G 如何更好地和金融深度融合，是需要考慮並解決的問題。首先，5G 金融發展最大的問題之一是金融和技術這 "兩張皮" 能否很好地融合。在此過程中，涉及不同行業、不同部門之間的基本信任和利益分配問題，更涉及高端人才的培養和使用問題。只有 5G 與金融真正融為一體，"5G + 金融" 才有靈魂，而不是空有一句口號。融合問題是一個挑戰，也是亟待解決的重大課題。

5G 金融全面推廣的另一個問題是基礎設施是否足夠完善。未來，新的金融產品和服務可能會海量出現，但要實現的前提是，基礎設施足夠完善，否則就無從談起。比如，5G 金融時代，商場、咖啡廳、小區門口等都可以進行金融交易，但必須要有相應的感應器和智能機器人等設備，這些基礎設施能否配備到位，尤為關鍵。

還有，4G 時代就已經有了物聯網的概念，但為何推進緩慢？除了移動通信技術達不到要求，另外一個關鍵原因是缺少必要的基礎設備，這就導致物與物、物與人之間無法產生更多聯繫。而數量龐大、用途單一的基礎設施，誰來投資？投入巨資後，收益從哪裏來？

五、未能充分挖掘 5G 金融服務實體和薄弱領域的內在價值

5G 和金融的融合，可以說既是金融業的一次昇華，也是 5G 延伸到各個行業和民眾生活的具體體現，因此，5G 金融不管是對 5G 還是對金融業來說，都意義非凡。但不管再先進的技術，只有為人類社會和普通民眾提供實實在在的幫助，才能體

現出巨大的價值。從這個意義上說，5G 金融必須服務好實體經濟，解決小微企業、民企、"三農"等"融資難，融資貴"的老大難問題。挖掘出 5G 金融服務實體和薄弱領域的內在價值，始終是需要明確的方向，也是難點所在。

在 5G 金融的發展過程中，如何避免過度金融化，實現一定程度的價值傳遞顯得較為重要。雖然金融業的所有產品和服務都與錢有關，但只講利益最大化，不講價值、道德和責任，也是很可怕的。

據《新京報》2019 年 6 月 6 日報道，在網商銀行成立 4 周年紀念日之際，螞蟻金服總裁、網商銀行董事長胡曉明表示，網商銀行從成立開始，就沒有把利潤作為考核指標，而是只關注服務的小微企業數量和它們的滿意度。胡曉明甚至調侃稱："我看到有網友開玩笑說，網商銀行利潤不高，是一家'傻子銀行'。"事實上，5G 金融的發展，尤其在前期，就需要這樣的"傻子精神"。

六、尚無配套的政策措施

儘管當前金融業相比以往任何時候，都更加現代化和智能化，人工智能、大數據、雲計算、區塊鏈等新技術已逐步應用到日常運營管理中，但技術的成熟度、智能化水平還處於早期階段，隨著 5G 的商用，越來越多的新生事物將會不斷湧現，5G 金融也不例外。

目前，大大小小的機構都在做金融服務或者與金融相關的技術研發，但總體來說，基本處於各幹各的狀態，整個行業缺乏相應的配套政策措施，這一課必須盡快補上，否則無法形成合力。比如，現在不同行業和不同部門的數據是孤立和割裂的。不同機構都有大量的數據，但基於競爭關係，同行業和不同行業的機構之間幾乎無法共享這些數據，就算一個客戶在某一機構裏出現了違約和其他惡性行為，但因為"數據孤島"現象，其他機構根本查不到該客戶的信息，可能將其視為優質客戶，提供大量資源扶持，由此帶來的損失可能不小。此外，不同機構包括高校也在做一些技術開源的研究，但技術標準不統一。這些技術被研發出來後，投放於市場，應用成本也比較高，這就需要由監管部門和行業自律組織進行引導和整合，統一標準，降低各種成本，提高效能。

以上這些問題和挑戰，是制約 5G 金融發展、創新和推廣的一些阻礙。不過，隨著技術的不斷進步、人們理念的改變、參與各方的共同努力，這些風險和挑戰可以在發展過程中逐漸解決掉。

5G 金融推廣與傳統金融存在矛盾

談及 5G 金融推廣，必然會涉及與傳統金融的微妙關係，這個問題關係到傳統金融機構的思想解放與業務邊界的遵守問題。5G 金融的到來，一方面，會給傳統金融機構帶來巨大的經濟利益；另一方面，建立在新技術之上的新業務也會給原有的信貸、融資和支付結算等傳統業務帶來壓力，金融機構甚至可能必須放棄部分既得利益。而放棄利益對任何人來說都不容易，畢竟割肉誰都會心痛。

我們應該看到，在 5G 金融時代，金融業務可能會出現大整合，目前分業經營的界限極有可能被徹底打破。金融機構的業務範圍和服務能力將得到極大的拓展，金融機構有可能演變成一個普通的商業經營機構，而此前不具資質的公司，也將可以經營金融業務。對傳統金融機構來說，如果故步自封，不及時抓住歷史機遇，跟不上時代發展步伐，必將被市場淘汰。類似的例子舉不勝舉，比如柯達。柯達膠捲的銷量一度佔據全球 70% 以上的市場份額，這個比例保持了長達一個多世紀，直到 1996 年，柯達攀上了歷史的巔峰。當時，這家公司被評為全球最有價值的品牌第四位。那一年，其年度營收達到了 160 億美元，市值亦高達 310 億美元。柯達絕大部分收入都來自膠捲，後來由於數碼拍照技術的興起，傳統膠捲業務一落千丈。膠片市場以每年 10% 的速度萎縮，在從膠捲向數字化轉型的過程中，柯達頻遭對手 "伏擊"，富士、理光等競爭對手紛紛向數碼相機領域發力。在外部客戶需求發生變化的前提下，柯達公司未能及時調整戰略，沒有優化和改進原有產品，只是試圖儘可能保持原有的市場規模，而隨著技術革新的速度越來越快，市場變化之快出乎很多人的意料，該公司最終從行業霸主走向破產。

　　隨著 5G 金融時代悄然而至，傳統金融領域也面臨著同樣的問題，5G 金融將是金融行業的一場革命，將對金融機構和金融從業人員產生重大影響。當新技術、新觀念遇到舊的條條框框時，會不可避免地出現矛盾和衝突。因此，在這場革命中，5G 金融推廣可能面臨來自傳統金融的阻礙。

一、5G 金融可能革掉部分傳統金融機構的 "命"

　　金融業的發展史是一部不斷變革的創新史，特別是現代銀行業，技術的推動作用極其明顯。梳理公開資料，我們會發現，1967 年，巴克萊銀行首次推出 "德拉路自動兌現系統"（自動取款機的雛形）；1995 年，世界上第一家新型的網絡銀行——美國安全第一網絡銀行成立；1996 年，中國銀行建立了自己的網站，在國內金融業率先通過互聯網提供銀行服務；1999 年，中國招商銀行全面啟動國內首家網上銀行—— "一網通"。進入 21 世紀，在互聯網浪潮的席捲下，大數據、手機銀行、移動支付、電子商務等信息技術迅猛發展，金融科技快速崛起。尤其是 4G 為金融業的發展帶來了較為深遠的影響，信息技術創新已經並繼續引領金融業的變革。從銀行業來看，跨時空價值交換的載體已經從紙幣向在線數字交易轉變，銀行不再是金融交易的唯一選擇。

　　目前，騰訊、阿里巴巴、百度等科技公司已經深度參與金融業務，貨幣的流動趨於網絡化、數字化和智能化，客戶的選擇也日趨多樣化。一個值得注意的現象是，客戶特別是 "90 後" 客戶，在選擇金融服務時，不太在乎誰的名氣更大，而更在乎誰提供的服務更簡單、更方便、更具個性。因此，傳統金融機構的市場份額逐步被體驗感更好的科技公司取代，也就不足為奇了。

1. 傳統銀行正在被改變

目前，金融科技已顯示出強大的魅力。包括銀行在內的許多持牌金融機構都在與科技公司進行合作，重組自身產品和業務流程，同時在風險管理和成本控制方面也大量引進科技手段，期待重新掌握市場主動權，贏回客戶的信任。

傳統金融將面臨兩大 "脫媒"。一是金融脫媒。眾所周知，過去的融資方式主要是向銀行進行間接融資，能佔到 90% 以上。20 年前，隨著直接融資的興起——債券、股票和基金等，給銀行間接融資的比重帶來了擠壓。目前，在美國，通過銀行進行間接融資的比重大幅下降，已經不到 30%，而且趨勢還在繼續。二是技術脫媒。銀行過去壟斷了所有支付領域。近年來，支付寶、微信等第三方支付崛起，銀行在支付方面面臨的壓力更大。馬雲曾放出豪言："如果銀行不改變，我們就改變銀行。"

那麼，銀行真的在改變嗎？答案是：銀行正在改變。為什麼會改變？因為時代在變，人們的需求在變。如果銀行想要保持優勢，就必須跟緊時代步伐，想方設法滿足客戶越來越多的金融消費需求。所以說，無論是否願意、被動還是主動，銀行都必須得改變。尤其是，5G 金融的到來，可能會革掉部分傳統金融機構的“命”。

2. 不能對新技術視而不見

從某種意義上說，銀行或其他金融機構都是高質量的數據公司，高質量的數據公司和技術結合最為有利，能為 5G 金融的發展提供巨大的推動力。

過去，因為有政策護航，可以“躺在床上賺錢”，傳統金融機構不太重視客戶金融消費數據的價值，它們更多的是關注大型國有企業的大項目，對於小微企業或個人的需求，要麼忽視，要麼乾脆拒絕。而沒有政策背書的科技公司，從出生的那一天起，就得想辦法賺錢過日子。正是基於這一點，這些公司把所有的精力放在滿足數量龐大的普通民眾需求上。舉個簡單的例子，傳統的出租車公司，之前收入穩定，就算經常因為拒載、中途甩客、繞行等飽受客戶詬病，但幾十年來從未見到其有太大改變，直到滴滴打車等新的出行方式誕生，出租車公司才感受到了新科技帶來的巨大壓力。

因此，傳統金融機構不能對新技術視而不見，更不能像只知道把頭埋在沙子裏的鴕鳥，而是應該擁抱新技術，提前佈局，為 5G 金融的到來做好準備。

二、傳統金融業存在先天不足

改革開放 40 多年來，中國發生了翻天覆地的變化，躍升為第二大經濟體，多項經濟數據穩居世界第一，綜合國力大幅提高。近年來，中國經濟從過去的高速增長轉向中高速增長，為了確保經濟增速保持在合理區間，同時提高經濟增長的質量，黨中央、國務院在宏觀經濟和金融方面，出台和推行了一系列改革措施。如今，面對 5G 金融，傳統金融先天不足的問題也逐漸暴露出來。

1. 監管思維存在滯後性

近年來，無論是傳統金融領域，還是互聯網金融領域，風險事件頻發，凸顯中國金融監管的思維存在滯後性，基本都是等到問題嚴重甚至被引爆，才心急火燎地去救火，而不是把風險防控前移，提前做好預判，並建立完善的監管制度。比如，廣受詬病的 P2P，野蠻生長了幾年，爆發了大量風險事件後，才逐步建立監管制度。此外，此前監管界 "一放就亂，一管就死" 的監管怪圈仍未打破，值得思考。

2. "普惠" 尚未真正實現

傳統金融由於信息不對稱，加之服務手段簡單、產品單一，還有成本和風險原因，所以其對大多數零散金融需求者有點 "不近人情"，金融的 "普惠性" 一直未能很好實現，這也直接導致社會對金融機構的 "嫌貧愛富" 諸多詬病。因為信任度較差，為未來 5G 金融推廣帶來了一定的難度。

3. 產品和服務難以適應客戶需求

在中國，1980—1995 年出生的年輕一代逐漸成為主要消費群體，他們佔總人口的 31%。這一代人比他們的父輩更具個人主義和開放精神。在求新求快的今天，如果一項簡單的金融業務需要親自到實體櫃台辦理，這在他們的思維方式裏是難以置信的。方便、簡單、及時、情景體驗、無障礙互動是年輕一代追求的消費模式，而目前大部分金融的產品和服務顯然難以滿足這部分主力客戶的需求。

4. 無法做到 "當用戶有需要時，服務就在那裏"

5G 金融將以提高客戶體驗為首要目標，將金融服務完美地嵌入民眾生活的方方面面。未來，虛擬網絡將在金融機構的品牌推廣和體驗中發揮更大作用，絕大多數金融業務將通過移動智能終端完成。金融服務和各種消費場景將深度融合，當然 5G 金融絕不是簡單地將線下業務流程複製到網上，而是將金融服務在安全的基礎上變得更加智能化和個性化。為了更好的用戶體驗，個人簽名、刷臉支付、照片上傳等流程會在無感狀態下完成，真正實現 "當用戶有需要時，服務就在那裏"。很顯然，目前的傳統金融距離這一目標還十分遙遠。

三、如何破解 5G 金融推廣與傳統金融的矛盾

可以說，5G 金融時代，傳統金融在各個方面都面臨挑戰，如何化解這些挑戰和矛盾，也是 5G 金融能否順利推進並盡快發展成熟面臨的現實問題。

1.傳統金融應向體驗式、數字化方向轉變

無論是大的金融機構還是小機構，必須抓住時代機遇，盡快朝體驗式、數字化方向轉變。從客戶需要來看，20 世紀 80 年代出生的人已屆不惑之年，20 世紀 90 年代出生的人也已年近 30，這一批伴隨著互聯網成長起來的群體，是 5G 金融未來 5~10 年的主要目標客戶，他們普遍具有高學歷、新思想、高收入等特徵，有較強的消費能力。他們工作壓力大，生活節奏快，普遍排斥排隊、取號、現場身份核實、人工簽字確認等傳統金融行為，更加喜歡用一部手機或一台智能終端搞定一切，因此，傳統金融只要抓住主要客戶群體的消費習慣和需求特徵，即可為自己帶來巨大的收益，同時為 5G 金融的順利推進掃清障礙。

基於此，傳統金融機構要將更多精力放在引進和消化 5G 金融技術、推進數字化金融服務上來，以提升客戶體驗為最終目標，大力推進轉型以適應新時代的市場競爭。以傳統銀行理財產品為例，為了滿足部分客戶資金不足的問題，可以推出網上眾籌的模式。團購理財產品的人越多，收益率就越高。另外，為了解

決客戶的工作時間與傳統銀行理財產品的銷售時間重疊的問題，以及適應年輕人喜歡熬夜的生活習性，金融機構可以推出夜間特賣的理財產品。

2. 在穩健經營和科技創新之間找到平衡點，突破固有思維方式，找到適合自身發展的創新之路

目前，在全球經濟增長乏力、中美貿易摩擦加劇等大背景下，傳統金融機構面臨的經營壓力較大，個別機構還出現了較大的風險事件。比如，2019 年 5 月，包商銀行由於嚴重的信用風險而被中國人民銀行和銀保監會宣佈接管。5G 時代，面對新技術、新情況，傳統金融機構應該在穩健經營和科技創新之間找到平衡點，突破固有思維方式，找到適合自身發展的創新之路。

3. 處理好自主研發和技術引進的關係

就當前的情況看，5G 金融要想在安全的基礎上得到快速發展，最穩妥和有效的辦法，是傳統金融結構和科技公司進行深度合作，而不是另起爐灶、各搞一套。比如共同出資成立新公司，專門用於研發相關的金融技術、產品和服務。這樣做的好處是投資較小而且見效快，可以發揮各自優勢。

當然，為了盡快取得成效，部分金融機構可能會採取從領先的跨國機構引進技術的方式。誠然，部分先進技術可以買到並且在短時間內見效，但一個較大的弊端是，核心技術買不到，買

的技術也容易被別人 "卡脖子"，這種情況中國是吃過大虧的。因此，依靠自身力量，進行自主研發尤為關鍵。而對於那些不是核心技術，或者沒有必要花大量精力和資金去研發的技術，可以實現全球配套，只要把自主研發和技術引進的關係處理好，中國的 5G 金融推進一定能取得較好成效。

總之，傳統金融要以空杯心態，回歸本源，只要積極擁抱新技術，為即將到來的技術變革和商業模式變革做好準備，就一定能在 5G 金融時代獲得更大的發展。

5G 金融推廣需兼顧各方面的社會經濟關係

5G 金融是時代的產物，5G 與金融深度融合，有助於金融消費者享受比以往更便捷、更普遍的金融服務。在大數據、雲計算、人工智能等技術的基礎上，5G 金融時代的金融創新產品和服務將不斷湧現，行業發展將迎來爆發。

5G 金融的推廣發展，需要處理好各方面的社會經濟關係，包括要處理好金融機構現實發展需求與實體經濟發展之間的關係，處理好金融機構與科技公司之間的利益關係，處理好金融機構與監管部門之間的關係，處理好金融機構之間以及與金融消費者之間的利益關係。

一、兼顧金融機構現實發展需求與實體經濟發展之間的關係

要營造推廣 5G 金融的有利條件，需要處理好金融機構的現實發展需求與實體經濟發展之間的關係。處理好這對關係，必須找到幾個切入口。

1. 把握好實體經濟發展的需求，不搞虛假創新

中國 5G 金融的推廣和發展應始終堅持為實體經濟服務的宗旨，充分發揮 5G 金融技術在資源精確分配、業務流程自動化、實時風險管理、決策快速等方面的優勢，不能離開真實的經濟需求和金融業務情景來談論技術的進步，更需要關注金融創新的安全性，不能搞自我娛樂式的虛假創新。當前，中國正著力推進供給側結構性改革，金融供給側結構性改革也已經啟動。金融供給側結構性改革的重要一環，就是改善金融服務，讓金融回歸到服務實體的本源上來。這要求金融機構要著力破解小微企業、民營企業、"三農"、精準扶貧等重點領域和薄弱環節的 "融資難，融資貴" 問題。在推廣 5G 金融過程中，必須消除一切墨守成規的理念，敢於大膽創新，勤思考、下功夫、出實招。

2. 注重相關制度的建設，為 5G 金融全面推進提供有效保障

眾所周知，科學技術是一把 "雙刃劍"，5G 金融技術不僅有助於解決傳統金融服務的諸多不足和問題，也可能出現過分依

賴技術、安全存在漏洞等新挑戰。因此，金融與科技的融合與發展，不能把技術創新當作治病救人的靈丹妙藥，而應以金融安全、風險防範和控制為發展進程保駕護航，與時俱進地調整和完善法律規範、監管規則和自律標準等制度安排，對技術創新實施有效監管，使 5G 金融的發展有方向、有底線、有規則，確保始終運行在健康、可持續的軌道上。

二、兼顧金融機構與科技公司之間的關係

金融機構和科技公司是推進 5G 金融建設的兩個主要主體，兩者之間既有競爭，也需要合作，處理好兩者之間的微妙關係尤其重要。

1. 處理好金融機構與科技公司之間的利益關係

隨著社會的發展和技術的進步，金融業的分工越來越市場化、專業化和精細化，金融產業鏈和價值鏈不斷擴大。金融機構與科技公司的關係已經從一種相對簡單的外包合作關係，發展為合作與競爭並存的關係。尤其是 5G 金融時代，金融機構和科技公司的屬性和業務邊界更加模糊，責任認定更加複雜，俗話說"親兄弟還要明算賬"，在構建好開放競合關係的同時，各機構在業務範圍、法律關係、責任分工、利益分配等方面應該按照監管要求，制定相應的管理規範、市場約束機制和應急安排。

2. 打造和諧共生的 5G 金融生態環境

5G 金融生態環境的好壞主要是指，科技公司與金融機構之間能否實現優勢補充、互利共贏和協調發展。即便未來兩者之間存在競爭，但更多的還是合作關係。這是因為，傳統金融機構依然有自己的強大優勢，科技公司即便能夠憑藉技術優勢，提供金融產品和服務，但種類想要趕上專業金融機構，短期內不太現實。所以，打造和諧共生的生態環境，對於 5G 金融的發展至關重要。一個可行的模式是，科技公司與金融機構合作成立新的機構，或者前者為後者提供技術服務，對傳統金融業務進行流程改造、模式創新和服務升級，在傳統金融無法覆蓋的領域開闢新業務，推動金融業向縱深發展，從而促進金融領域更深層次的分工，而金融機構則可以將更多精力放在產品和服務的創新研發上，各司其職，抱團發展。

三、兼顧 5G 金融機構與監管部門之間的關係

當前，中國 5G 技術以及金融領域的部分產品和服務已達到世界領先水平，這些成績的取得，與中國各級政府和監管部門實施開明的行業政策和監管制度密切相關。

2014 年，政府工作報告首次提到互聯網金融，之後政府工作報告多次提及互聯網和金融科技，但表達方式不斷變化。從 2014 年的 "健康發展"、2015 年的 "異軍突起" 到 2017 年的

"風險警示"和 2018 年的"健全監管",以及 2019 年中國人民銀行發佈的首份全面金融科技規劃——《金融科技(FinTech)發展規劃(2019—2021 年)》,反映了管理層監管思路的變化。

如今,互聯網金融等已經發展成為新興的金融產業,在中國經濟發展序列中獲得了穩固的立足點,受到政府的高度重視。在穩增長、防風險的主基調下,金融安全是整個金融業發展的主題,是加強金融機構風險內控、加強金融監管統籌協調、進一步完善金融科技的主旋律。國家正致力於標本兼治地處理好金融風險的根源問題。

對金融機構來說,風控是核心競爭力。尤其是 5G 金融的發展過程中,處理好金融機構與監管部門之間的關係,顯得尤其重要。

1. 應把握好強化監管與包容創新的關係

金融業是一個經營風險的特殊行業。多年來,中國金融業的外部監管相對嚴格,對避免出現系統性金融風險提供了堅實保障。但我們也要看到,創新是引領金融改革發展的第一推動力,是增強服務實體經濟能力、防範金融風險的必要手段。從辯證統一的角度來看,加強監管與包容創新並不矛盾,當然,如何實現兩者的平衡一直是一個世界性難題。在這一方面,我們可以借鑒先進國家的做法,運用一些新理念和新工具,創新監管模式,建立能夠測試、檢查和糾正錯誤的系統,使金融機構在風險可控的前提下探索和開展應用試驗、產品測試和技術驗證,讓創新在有序、可控、包容的軌道上運行。

2. 監管者應主動學習掌握金融科技知識

隨著金融科技的迅猛發展，包括人工智能、人臉識別、大數據等技術的大面積應用，金融科技也有可能成為金融機構逃避監管的工具。因此，監管者應該主動學習掌握先進的金融科技知識，對金融機構的所思所想，有清醒的判斷和認識。一方面，先進的監管手段可以更好地服務於行業發展，提供監管效能，降低監管成本；另一方面，掌握最新技術，有利於防範金融機構進行監管套利，不至於被監管者做什麼，監管者完全搞不懂。

目前，監管體系的標準由監管者研究制定。為防範道德風險，提升被監管者和社會大眾的信心，監管部門還可以聘請獨立的第三方機構進行監督。此外，政府監管部門應制定完整的行業技術標準，有效規範市場的准入和退出，為 5G 金融行業提供公平競爭的市場環境。中國的 5G 金融如果技術可靠、標準較高、發展規範，未來可以將相關制度和行業發展標準向全球推廣，為全球提供發展樣板和經驗。

在 5G 金融的發展初期，監管部門可以為初創企業建立一個"監管沙盒"，讓它們在大膽創新的同時，免受傳統規則的限制。在初創企業找到合適的發展模式和產品市場並達到相當規模之前，無論是出於系統風險控制還是保護消費者的目的，對其進行嚴厲監管可能會扼殺其創新能力，因此，監管部門可以考慮分層次、有區別的監管措施，為 5G 金融的發展培育創新因子。

　　5G 金融時代，基於 5G 的泛在網和萬物互聯等功能特點，金融監管必須從制度監管轉向職能監管。此外，監管的時間、地理空間的概念將被打破，從一個靜態的區域、一個城市、一個節點走向跨區域和跨時區，甚至跨境監管。

四、兼顧金融機構之間以及與金融消費者之間的關係

　　目前來看，中國金融科技在全球處於領先地位，但同時也應解決金融機構之間發展不平衡、信息搜集與使用不對稱、金融機構與科技公司實力不均衡、金融機構與金融消費者地位不平等、金融機構與監管部門信息不透明等問題。

　　1. 處理好相關參與主體之間的利益關係

　　5G 金融是一個比較大的生態系統，參與主體包括金融機構、監管部門、消費者、科技公司、中介機構、自律組織等，如何處理好參與主體的利益關係，涉及整個 5G 金融生態的良性互動和健康發展。其中，因為利益分配原因，金融機構和科技公司可能依然像 4G 時代一樣，不願意將蘊藏著巨大商業機會的核心數據拿出來共享，而消費者也擔心自己的隱私泄露，成為各家商業機構競爭的犧牲品。這就要求由監管部門牽頭，邀請各方共同協商構建一個更加公平合理的利益分配機制，消除彼此的不信任

感，聯合發力，才能營造一個可持續的發展環境。

2. 堅持做好金融消費者保護工作

近年來，中國在金融科技領域的發展成就有目共睹。面對 5G 金融等新業態，如何完善消費者金融權益保護規則值得探討。從提高金融消費者福利、促進普惠金融的角度出發，建立創新的政策工具，促進符合金融消費者利益的多重保護機制，顯得十分迫切和必要。因此，政府監管部門要做好對金融消費者的保護工作，包括兩個方面：一是嚴格監管，要求金融機構和科技公司在搜集和使用金融消費者的信息和數據時，確保絕對安全，否則予以重罰；二是金融機構和科技公司要把對金融消費者個人信息的保護放在商業利益之上。

如何支持真正意義上的金融創新，防範和控制金融業的系統性風險，充分考慮金融消費者的利益，是各國監管普遍面對的問題，這不僅取決於監管機構的遠見和創新，還取決於監管體制、監管手段和監管手段是否足夠先進。

3. 避免客戶個人隱私外泄是重中之重

金融消費者個人隱私信息的保護怎麼強調都不為過。一個尷尬的現實是，目前中國還沒有專門的個人信息保護法。大多數法律只有零散的、原則性的規定，在實踐中可操作性較差，而個人信息具有明顯的人格利益和財產屬性，建立完善的個人信息保護制度是保護人權和消費者權益的應有之義。未來，個人信息保護制度的立法核心，應當是對個人信息的優先自主控制，賦予當事人在信息來源上自主決定信息的權利，即每一個人的信息都有其獨立決定的權利。無論是否涉及隱私，都需要尊重當事人的自決權或自主權。只要信息與個人有關，個人就有權決定是否、在何種範圍、向誰公開以及如何公開。

在 5G 金融的推廣發展過程中，基於 5G 的萬物互聯特徵，物與人、人與人之間的信息交互隨時隨地都會發生。屆時，如何界定金融信息的性質、如何搜集個人金融信息、如何處理個人金融信息等方面，都將面臨新的挑戰，這就要求監管部門和整個行業共同研究探索，建立一套科學有效的管理機制，為個人信息的合理利用提供制度保障。

5G 金融推廣過程中政府的角色定位

從表面上看，5G 金融推廣似乎是金融機構的事，是金融機構的一廂情願。事實上，推廣和利用 5G 金融是全社會的共同使命，也是政府不可推卸的責任。因為，5G 金融將大幅提高金融業的效率，從而提高金融機構的市場競爭力和盈利能力。同時 5G 金融也服務和反作用於社會經濟發展，能使經濟取得更大發展，讓政府的經濟職能得到了最大體現。因此，政府在推動 5G 金融的過程中，扮演著重要角色，發揮著重要作用，特別是在制定 5G 金融產業發展規劃上，政府更是處於主導地位。

　　5G 金融的發展，政府應當具有高瞻遠矚的眼光、切實可行的政策目標和遠大的戰略願景。具體來看，政府應從如下五個方面找準角色定位。

一、制定政策目標和戰略規劃

　　各級政府應勾勒好 5G 金融的遠景藍圖，出台政策目標和戰略規劃，明確 5G 金融產業發展目錄，做好 5G 金融人才規劃，推進 5G 金融國際化，為 5G 金融的創新發展保駕護航。

　　1. 深化金融業體制機制改革

　　政府應根據 5G 時代的技術特徵和金融業發展需求，建立適應 5G 金融發展的制度框架，完善相關產業頂層設計，建立容錯糾錯機制，在可控範圍內允許風險嘗試，促進容錯糾錯機制正常運行，全面推進 5G 金融市場化發展。明確市場主體責任，強化契約精神，降低道德風險，完善信用定價體系，推動形成有序的違約化解機制和程序。創新監管約束機制，建立基於區塊鏈和智能合約技術的區域金融預警監測分析機制，探索 "監管沙盒" 等創新金融監管機制，鼓勵金融機構開展 5G 金融研發試驗和創新金融服務。構建聯通國際的 5G 金融監管約束機制，加強與金融穩定理事會、巴塞爾銀行監管委員會、國際證監會、國際保險監督官協會等組織的互動與合作。

2. 5G 金融推廣要有全球視野

中國的 5G 金融在逐步建立起來並完善成熟之後，在推廣過程中，必須具有全球視野，為人類發展提供公共產品。具體做法是，加強與政府間合作，鼓勵中國優秀的金融機構和科技公司與國際金融組織、絲路基金、亞洲基礎設施投資銀行等具有國際影響力的機構合作，探索在"一帶一路"沿線國設立分支機構；為走出國門的中國企業提供 5G 金融支持，引導更多社會資金參與 5G 金融建設，提高中國在 5G 金融領域的核心競爭力和國際聲譽；對參與 5G 金融國際化建設的企業員工進行"穿透式培訓"，確保做好風險管理和配套服務工作；通過政府引導、企業參與、科研合作等方式，拓寬 5G 金融的廣度和深度，打造領先全球的 5G 金融服務體系。

3. 打造 5G 金融科技人才高地

為了打造 5G 金融人才高地，需要創新人才培養模式，構建人才激勵體系，提高人才服務能力，探索建立 5G 金融人才業務培訓和職業教育，建立"政府為本、市場為導向"的運作機制，提高 5G 金融人才素質。同時可以建立 5G 國際金融人才服務中心，實施國際高層次金融人才儲備戰略，特別要為國際金融人才提供簽證、居住、金融支持等一攬子服務，為 5G 金融在全球範圍內的順利推進提供良好的人才支撐環境。

二、做好 5G 金融的行業管理

當前金融安全是國家戰略，已成為國家安全的重要組成部分。同樣，發展 5G 金融也要以保障金融安全作為底線和紅線。監管當局要著力構建和維護 5G 金融監管基本規則體系，制定制度措施積極鼓勵和支持 5G 金融發展。主要包括四個方面：一是要強化金融安全監管。要加強 5G 金融技術應用與管理，研究制定 5G 金融、人工智能、金融大數據等技術應用規則，提出技術框架、金融安全管理和業務持續性管理要求。二是要引導 5G 金融機構合理使用信息技術，糾正一些機構"濫用技術"或者非法使用技術的亂象，要加強 5G 金融信息的安全保護，建立覆蓋 5G 金融信息搜集、傳送和使用等各個環節的保護機制。三是加強 5G 金融創新產品管理，通過社會宣傳和行業備案，形成自主管理、行業自律、政府監管相協調的 5G 金融治理格局。四是加強 5G 金融交叉性領域的管控，5G 金融涉及金融、科技、信息各個領域，要建立"誰家的孩子誰家抱，誰家的問題誰負責"的監管機制，提升對系統性、交叉性金融風險的防範化解能力。

要強化政府、監管者與業界的合作和互動，為 5G 金融全面推進提供巨大的社會動能。政府、監管者與 5G 金融企業之間的關係應該是合作、互動、共建的關係，只有這樣，才能相互理解、相互幫助，跟上技術、業務、監管創新的步伐。同時，傳統金融企業也要與 5G 金融企業建立合作、互動與共建的關係，其實質就是讓金融市場、金融機構和金融服務向數字化、智能化轉型。這是一場科技與金融相互依存、相互促進、互利共贏的革命，政府可以通過制定相關法令、法規、規章制度，以達到解決 5G 金融遇到的各種困難和問題，幫助行業穩定持續發展的目的。

政府要積極主動地在 5G 金融行業發展和監管上發揮重要作用，為 5G 金融全面推進 "保駕護航"。市場是不完整的，特別是在 5G 金融發展過程中，政府和監管機構的作用非常重要，包括營造企業成長、公平競爭的良好環境。

營造寬嚴相濟的監管環境，鼓勵 5G 金融創新，防範 5G 金融風險。一是可以通過對金融產品的早期干預，改變 5G 金融產品消費者權益保護不足的現狀。有關部門要制定 5G 金融產品合同、個人信息保護和損失賠償的干預標準。二是要求 5G 金融機構制訂創新產品的消費者保護計劃，並由監管部門備案。三是嚴格監管不符合消費者保護要求的金融產品，及時要求變更產品設計、限制銷售，甚至禁止上市等，有效遏制市場的各種假冒偽劣 5G 金融產品，使金融消費者能夠享受真正的 5G 金融服務。

三、政府要實施生態戰略

政府要實施生態戰略，大力培育、凝聚關鍵生態要素，為 5G 金融全面推進提供更多有效的社會力量。

1. 建立 5G 金融產業中心和研發中心

整合學術資源和科研力量，與高校和專業機構開展產學研協作，大力支持國內外金融機構在當地設立研發中心和海外合作研究機構。探索利用新興科技改造和創新 5G 金融產品和商業模式，定期舉辦國內外 5G 高端金融論壇，形成研究合力，打通產學研渠道，營造良好的 5G 金融發展氛圍。

2. 優化成果轉化渠道，搶佔市場制高點

長期以來，中國高校和研究機構的科研成果轉化率不高，為了改變這一現狀，可以考慮設立 5G 金融產業發展基金，為 5G 金融技術的研究和轉化提供資金支持。

3. 鼓勵 5G 金融機構開展知識產權證券化業務

以專利、商標、著作權等知識產權為基礎，通過重新包裝、信用評估、信用增級等方式發行有價證券，實現知識產權證券化，使知識產權人獲得更多的資金支持。

4. 建立成果轉化平台

為了加快 5G 金融成果產業化進程，可建立產業成果轉化平台，不斷更新成果轉化清單，不斷積累產品轉化經驗，暢通產品轉化渠道，優化資源對接流程，以大數據和人工智能促進平台的智能化運行。

四、支持 5G 金融初創企業

5G 金融的發展離不開科技企業的支持，科技企業會經歷初創期、成長期、成熟期等不同時期。對於不同成長階段，政府扶持策略應該是不同的。對 5G 金融科技企業來說，政府可根據企業對 5G 金融發展的重要性，選擇部分行業企業進行扶持。政府扶持的重點應放在 5G 金融科技型企業初創階段。

政府的扶持方式也可以是多種多樣的，比如出台激勵政策，提供稅收優惠措施，加快或者簡化相關項目的審批流程，鼓勵金融機構投資入股或發放信貸等。

1. 完善 5G 金融生產要素市場體系和信用體系

生產要素市場體系包括勞動力、產權、技術等市場，是金融、技術、產權等各類要素登記、抵押、流通、交易的場所。為了促進 5G 金融創新，要加快 5G 金融產權和股權、知識產權和資源要素市場的發展，探索和優化 5G 金融要素市場准入門檻。

同時，金融的本質是信用，良好的社會信用體系是金融體系持續有序運行的基礎，在 5G 萬物互聯時代尤為重要，政府部門有責任建立一個值得信賴的安全且全方位的信用體系。

2. 通過稅收減免等方式來支持 5G 金融初創企業

從一些西方發達國家支持科技金融發展的經驗來看，政府部門在促進 5G 金融運用和發展的過程中，更多的是採取了稅收減免措施來鼓勵技術研發者和市場參與者。例如，美國除了聯邦政府推出的分階段稅收優惠政策外，美國超過三成的州政府也制定了相關稅收優惠政策，鼓勵天使投資金融科技。因此，通過稅收減免支持 5G 金融初創企業是值得中國借鑒的。

同時，政府還要促進財政資金與社會資本相結合。政府部門既可以通過行政撥款的方式支持科技企業專項攻關、國家基礎研究以及前沿關鍵技術研究，還可以通過財政資金設立"政府性基金"撬動社會資本，共同支持 5G 金融科技成果的轉化。如各級政府可以為促進 5G 金融新業態、新技術而設立政府性基金，包括風險投資引導基金、產業投資基金等，可以通過階段性的參與和跟蹤，引導社會資本。政府部門還要推進財政貼息與信貸支持相結合，財政貼息可以有效緩解初創企業融資成本高的難題。5G 金融發展目前還處於起步階段，諸多和 5G 金融相關的小微企業也處於起步階段，這些企業普遍存在現金流不穩定、信用風險較高的問題。金融機構會從風控的角度對資金的使用給予更高的定價，價格可能會超過企業的負擔，在這種情況下，金融折價使得資金的價格能夠為供求雙方所接受，從而達到金融交易的目的。因此，可以採取信貸貼息和純信用貸款的方式解決企業融資問題，幫助一大批創業企業完成金融機構"首貸"，並對銀行發放的信貸給予優惠。

五、處理好政府管理的邊界問題

在 5G 金融推廣運用中，既要發揮政府的職能，又要防止因政府過度干預而阻礙市場運行，降低運行效率。因此，政府角色必須有合理的邊界，即政府必須有所為或有所不為，選擇在具有比較優勢、市場機制無法落實的領域發揮作用。一旦超出界限，可能會導致市場機制受到干擾，阻礙行業發展。因此在 5G金融推廣中，哪些領域政府應該參與，哪些領域應該讓市場充分競爭，需要做出理性抉擇。簡而言之，5G 金融能否得到順利推廣，取得實效，政府和市場的關係必須處理好，要在關鍵時候充分發揮政府"有形之手"的作用。

總之，5G 金融將給全社會和各行各業帶來巨大的經濟效益，將惠及作為經濟活動骨幹的中小微企業和普通民眾。我們有理由相信，在國家戰略的指引下，在相關參與各方的共同努力下，中國的 5G 金融必將迎來更好更快的發展局面。

第五章

5G 金融時代前景展望

5G 金融時代的前景預測

　　2019 年為 5G 商用元年，不僅中國宣佈發放 5G 商用牌照，其他主要國家也紛紛開始了 5G 的推廣，並希望 5G 在未來生活中發揮重要作用。據 2018 年 7 月 6 日通信人才網消息，全球 5G 發展進度排名出爐，中國的 5G 商用進度排名世界第一。此外，不少國家在頻譜可用性、許可和部署計劃，以及旨在簡化 5G 基礎設施規劃流程方面提出建議，使有利的移動選址和許可政策方面都有了明確的發展規劃或方向，該排名 1~10 位依次為中國、韓國、美國、日本、英國、德國、法國、加拿大、俄羅斯、新加坡。這表明，在 5G 的推廣應用方面，已進入較為激烈的競爭狀態。

　　本部分內容將重點關注 5G 金融的未來前景，並做出大膽預測。由於 5G 將給金融業帶來巨大而又深刻的影響，並且這種影響是前所未有的，所以可以說，從 1G 時代到 5G 時代，既是一部移動通信技術的進步史，也是一部金融業化繭成蝶的發展史。

　　眾所周知，從 1G 時代到 4G 時代，雖然只有短短的幾十年，但給金融業帶來的改變有目共睹。1G 時代和 2G 時代，金融業的信息傳播、資金流通和監管，都是通過郵電系統拍發加密電匯，或通過郵局掛號加密信匯這兩種形式實現的，這個時間大約是從新中國成立之後至 20 世紀 90 年代初。當時金融行業的特點是資金往來慢，除了電匯稍快一點之外，一般信匯需要較長的時間，縣內一筆跨鄉鎮的資金匯劃，如果是同一家銀行大約需要 1 天時間，如果是另一家銀行則大約需要 2 天時間，跨縣資金匯劃需要約 2 天時間，跨省需要 3~4 天時間。

而 3G 和 4G 時代，隨著移動通信技術的巨大飛躍，這一二十年金融業的信息傳輸及高效快速的資金流動是過去幾千年都無法比擬的。從尋呼機、大哥大，到智能手機，跟隨著每一輪通信技術的迭代步伐，商業銀行、保險公司、證券公司等相繼成立了科技部門，專門負責信息技術的開發利用及風險防控，銀行、保險、證券等傳統金融業紛紛擁抱互聯網與大數據技術，以提升自身辦事效率為前提，不斷分析用戶數據、挖掘用戶需求，從而實現智能決策與精準營銷。同時，金融機構也藉助人工智能、大數據、雲計算等核心技術與諸多應用場景融合，可實現貸前、貸中和貸後的全流程風控服務，幫助機構提升風控效率，並在國際金融安全比如反洗錢、反欺詐方面積累了一定的經驗。

與此同時，先進的移動通信技術幫助金融機構為客戶提供一站式企業應用信息化系統服務，幫助其零門檻搭建自己的移動平台，讓金融服務變得更加簡單化、普惠化、智能化和個性化。

此外，4G 還催生了各種新興金融業態，互聯網投資理財平台及 P2P 平台等如雨後春筍般湧現，極大地豐富了民眾的金融生活，開闢了新的投資渠道。目前，國內大型的互聯網投資理財平台主要有陸金所、人人貸、積木盒子、京東金融、理財通、蘇寧金融等，不少平台還具有國企背景。其中，P2P 平台的迅猛發展更是形成了中國金融發展史上的一大奇觀。據行業門戶網站網貸天眼統計，截至 2017 年 12 月 31 日，中國 P2P 平台數量達 5382 家，在運營平台 1751 家，累計問題平台達 3631 家。此後，經過近兩年的清理整頓，不少平台平穩退出，還有一些平台關門跑路，P2P 平台數量銳減。據相關機構統計數據顯示，截至 2018 年 12 月底，正常運營的 P2P 平台僅剩 1082 家。

最令人自豪的是，中國第三方支付異常發達，成為聞名全球的中國 "新四大發明" 之一。很多企業為了獲得第三方支付牌照及使用權，不惜花費重金。其中，美的耗資 3 億元，唯品會花了約 4 億元，小米付出了約 6 億元的代價，甚至綠地、滴滴等不同行業的巨頭，也紛紛加入支付牌照的爭奪戰。

在第三方支付公司中，支付寶依託阿里巴巴各個電商平台的巨大流量，財付通依靠騰訊產品國內佔有率第一的天然優勢，銀聯在線、銀聯商務兩個 "國字號" 品牌憑藉政策優勢，形成了巨大的競爭紅利。其他如快錢、百度錢包、京東金融、易付寶、拉卡拉等機構，依靠自己的優勢，也在市場上站穩了腳跟。

5G 金融時代到來之後，由於 5G 具有高速度、低時延、萬物互聯等諸多特點，因此，從 4G 到 5G，並非移動通信技術的簡單換代升級，而是一次質的飛躍。由此，線上線下的界限將更加模糊，互聯網入口將大大拓寬。與此同時，數據的生產、傳輸和計算的效率，將呈指數級上升，人類有望進入一個真正意義上的大數據時代和人工智能時代，智能家居、智能交通、智能製造都將成為現實，智能金融將水到渠成。尤其是，面對正在到來的全球化 4.0 時代，金融機構將繼續堅持科技創新，以研發更智能、更高效的金融服務和產品為使命，為金融行業的發展與變革提供新動能。

從金融業的發展歷史和移動通信技術的發展歷程來看，5G 金融時代，金融業將呈現與當前不一樣的巨大變革，這些變革具體有以下四大方面。

一、金融業的傳統經營模式將被顛覆

隨著 5G 金融的全面推廣，必將引起金融業的 "核裂變"。以銀行為例，未來銀行機構的信貸業務、存款業務及其他中間業務都可以通過 5G，在線上及時完成，客戶無須親自到銀行機構的固定營業場所辦理。當然，有人會說，這些情況 4G 時代已經有了，比如通過手機銀行買賣理財產品、轉賬等，但必須指出的是，4G 時代的線上金融服務是相對低級的，功能不夠強大和完善，而且很多業務仍需去現場面審，比如開戶和銷戶。也就是說，目前的部分線上服務，仍然無法滿足金融消費者的全方位金融需求，不少方面離金融消費者的需求還有較大差距。而基於 5G 催生的 5G 金融，將使信息流、技術流、資金流等方面實現革命性飛躍，可以在很大程度上彌補 4G 時代的種種不足，消除銀行產品和服務的幾乎所有漏洞或缺陷。

　　5G 金融還具有越來越豐富的場景，可為金融消費者提供極高的數據傳輸速率和極高的流量密度，不僅可減少網絡延遲導致的交易卡頓問題，AR/VR 技術還可將金融服務的覆蓋面大大拓寬和延伸，消除金融服務盲區。同時，5G 金融將針對物聯網業務低功耗、低時延、高可靠的場景，多維度獲取人、物、企業的海量數據，進一步優化供應鏈金融、信用評估、資產管理等相關金融服務，探索出更多的金融服務。此外，5G 金融的出現使金融門店的選址和呈現形式發生變化，未來，5G 信號的覆蓋更加綿密，將不會出現偏僻地方無信號的情況，因為信號隨處都有，金融機構可以在任何有需要的地方開設門店。同時，門店也會越來越微型化，甚至無人值守。這樣一來，能使現有銀行、保險、證券及其他金融組織的服務功能更加豐富、服務觸角更加延伸、服務範圍空前提高，不同地區的不同人群都有可能是某一家金融機構的服務對象，金融服務將打破區域限制，變得無處不在。

二、業務經營將從有形轉向無形，服務效能將空前提高

　　5G 金融時代，憑藉更加先進的技術手段，金融業為客戶提供的產品和服務將出現爆發式增長。比如，一家企業在 4G 時代只能生產一兩個有代表性的產品，而 5G 時代可以生產大量不同品種的產品，因為 5G 能使企業的信息獲取能力、研發能力、對市場的反應能力大幅提高，從而成為 "超級工廠"。同時，4G 時代金融機構的服務能力受到信息局限性、固定營業場所以及對客戶信息掌握程度等的限制，依然存在信息不對稱、反應不及時等問題，這對金融業拓展新的服務帶來了困難。而萬物互聯的 5G 時代，金融機構、消費者、市場狀態等都可隨時產生交互，金融機構不必非要通過固定營業場所和工作人員就能獲取所需的一切信息，為金融消費者提供個性化的金融服務。

　　未來，金融機構絕大多數業務可通過線上進行，線下網點和人工服務會越來越少，智能終端會替代大部分人工服務。而且，隨著 5G 金融的不斷優化，將促使金融服務方式發生轉變，金融機構的網點變得更小並無處不在，也將無所不能，無論你在家，還是在茶館、咖啡店、桑拿洗浴場所，金融機構安裝一台智能終端設備，你就能根據自己的需要辦理自己的服務。可以說，金融消費者足不出戶就能享受銀行的各種金融服務。

　　因此，我們可大膽設想，現有銀行機構傳統物理網點 90% 以上或基本消失，銀行工作人員至少可裁員 80% 以上，並且銀

行服務成本將會大幅降低，銀行經營效益將會大幅提高。同理，在保險領域，現有的保險物理服務網點會大面積消失，保險營銷員的數量也會大大減少，保險公司的理賠能力、盈利能力也會獲得提高。在證券業，證券公司的營業部將逐漸不復存在，現在到處拉人開戶的經紀人也會大幅縮減，效益也將大幅提升。當然，這些變化肯定不會在一夜之間就完成，而是有一個逐步的演進過程，考慮到技術革新的速度大大加快，物理網點的消失長則十年，短則四五年。

三、差異化、個性化的金融服務將越來越多

由於 5G 的萬物互聯特徵，使 5G 金融時代的金融業能夠為客戶提供全方位的服務。加上未來央行徵信系統的完善，個人的身份信息的豐富，金融機構可根據每個人的信用狀況、財產狀況和收入狀況，提供具有較大差異性的個性化金融服務。屆時，銀行、保險、證券等機構可給不同客戶提供具有個人特色的金融服務，包括投資理財建議、個人資產配置、家庭資金槓桿率等方面，而客戶也有可能不再有一般普通客戶和 VIP（貴賓）客戶之分，客戶身份尊卑差異有可能消失。因為現在銀行給客戶提供的服務是需要消耗一定的服務成本的，資產規模小、收入低的客戶在銀行消費，給銀行帶來的增值效益較低，銀行在給他們提供服務時消耗的成本與所得的收益不成正比，這也就是當下銀行為何

出現 VIP 客戶服務專櫃和一般客戶服務專櫃的原因。5G 金融來臨後，金融機構服務高淨值客戶與一般客戶所消耗的服務成本都將大大降低，使金融機構能夠在金融普惠方面傾注更大的精力，真正做到一視同仁。

四、金融機構對風險的把控能力將空前提高

5G 金融時代，金融機構基於萬物互聯的功能特點，能夠洞悉轄內更多金融市場發展動態、金融客戶信用狀況及金融需求能力。我們不妨用望遠鏡來打一個淺顯的比方，4G 時代如同一架 50 倍的望遠鏡，功能單一，只能用於望遠，它可以將 5 公里之外的東西放大並看得清清楚楚，發現那兒的一切狀態，比如房屋建築情況、路上行人的穿著及面部表情，可大致對當地民眾的生活狀況做一個初步的判斷，但卻不能捕捉其他信息。而 5G 時代，可以讓這架望遠鏡的瞭望功能大幅提高，這樣不僅可能將 5 公里之外的景觀景物及居民生活狀況觀看得非常清楚，還可看到 50 公里甚至更遠的地方的景觀景物，最關鍵的是，這個望遠鏡還具有自動拍攝功能及信息搜集功能，使用者可通過這些新增的功能對觀察目標做出精準的掌握和預判，然後根據掌握的情況，提供準確的服務方案。

5G 金融也正如上面這架高倍望遠鏡，金融機構可依據 5G 對客戶的消費能力、消費傾向、信用能力等進行有效篩選和準確

判斷，使得自身的產品和服務更加符合對方的需求，而不是把超出對方需求和風險承受能力的產品錯配給對方。對銀行來說，5G 金融可以讓信貸投向更精準，大幅降低不良率，實現信貸資源的優化高效配置。

同時，5G 金融可以讓金融監管部門和金融機構對風險的識別能力和判斷能力大大提升。比如，證監會對擬上市企業的經營質量、財務風險、管理能力等更加清楚，上市企業的欺詐行為會大幅減少，資本市場的生態將更加健康，而投資者也不必擔心會被蒙騙，可以將更多精力投入在篩選符合自己需求的目標公司上。

總之，5G 金融時代，金融監管更加高效透明，金融機構和用戶之間的依存度、信賴度將大大增強，實體企業獲得金融支持的力度也將得到提高，企業 "融資難，融資貴" 的困局有望得到有效破除。與此同時，5~10 年甚至更短的時間內，人類或將進入 6G 時代。屆時，金融業將會是另外一番景象，部分傳統金融業務將消失，而更多新的金融業務將被催生出來，人類金融業將迎來更加輝煌燦爛的明天！

5G 金融時代的全球格局

5G 金融不是幾個單一國家享有的專項福利，而是屬於全人類的 "大蛋糕"，全球各個國家及民眾都有公平公正分享的權利，而且 5G 金融也將是全方位、開放式的，沒有一個國家、一個組織有能力阻止其向全球的擴展。

但是，5G 金融的發展具有分佈和發展的不平衡性。因為全球各國的經濟發展存在巨大差別，經濟實力迴異，在 5G 的投入上具有相當大的差異性，這也導致 5G 金融的發展水平千差萬別。目前，有的國家已在 5G 方面投入了大量的人力、物力和財力，在 5G 推廣上已取得了初步成效，一些發達國家的 5G 商用率已達到了相當的規模，5G 金融也已初露端倪，但大多數發展中國家的 5G 開發才剛剛起步，5G 金融還處於萌芽狀態，同時，貧窮國家的 5G 開發可能尚未納入政府經濟發展規劃，5G 金融還無從談起。

很明顯，5G 帶來的金融革命，是科技與經濟發展高度融合的產物，正如人類從蒸汽機時代進入電氣時代再到信息時代一樣，每一次的產業革命都是人類追求更高生產效率與經濟發展水平的結果。各國的自然稟賦不同，經濟發展水平不同，5G 金融的發展有先有後是必然的。目前，因為 5G 才剛剛進入商用階段，5G 金融的發展尚處於早期階段，要想搶佔 5G 金融的戰略制高點和話語權，前提是掌握 5G 技術和擁有強大的經濟實力。隨著 5G 時代的到來，各國政府紛紛將 5G 建設及應用發展列為國家優先目標，而 5G 金融也必將成為下一輪大國競爭的新戰場。

5G 金融與 5G 休戚相關，其全球格局大致分成三大陣營。中國、美國、日本、德國、韓國、英國、法國等國屬於第一陣營，因為這些國家在 5G 領域的投入與研發力度較大，尤其是中美兩國更是遙遙領先。據全球信息提供商 IHS Markit 的預測，2020—2035 年，5G 對全球 GDP 的貢獻將達 2.1 萬億美元，而在 5G 研發支出方面，美國和中國有望在未來 16 年，主導 5G 研發與資本性支出，兩國將分別投入 1.2 萬億美元和 1.1 萬億美元，兩者合計佔全球 5G 投入的 52%，大規模的投資無疑將對兩國 5G 金融的加速發展起到重要作用。澳大利亞、巴西、印度、俄羅斯等國屬於第二陣營，已經啟動了 5G 研發規劃，政府也已投入了一些財力、物力和人力，5G 金融研發剛開始起步，但目前成效並不明顯。非洲、中美洲、南美洲及亞洲的一些中小國家屬於第三陣營，因為經濟實力較弱，市場較小，目前在 5G 投入上相對滯後，大部分國家尚未或尚無能力啟動 5G，5G 金融還比較遙遠。

　　具體到主要國家，目前的大致狀況是美國政府對 5G 網絡無線電頻率進行了分配，2018 年實現了全面商用，5G 金融取得了長足的發展。俄羅斯雖然在 5G 方面的研發有較強的實力，但面對巨大的投資成本，就當前該國經濟局勢而言，顯得心有餘而力不足，全面商用很難很快實現，5G 金融發展遲遲邁不開步伐。日本在 5G 研發及投入上比較給力，擬以 2020 年東京奧運會及殘奧會作為發展 5G 的重要戰略推力，日本運營商已在以東京為中心的大部分地區啟動了商用計劃，並決心在 2023 年將 5G 推向全國各區域，隨著 5G 的大面積推廣，日本的金融業也將全面佈局。歐盟也不甘在這場全球 5G 盛宴中敗下陣來，早在 2012 年 11 月，歐盟就已啟動總投資達 2700 萬歐元的大型科研項目 METIS（構建 2020 年信息社會的無線通信關鍵技術），用於研發 5G，2017 年初就已確立了 5G 發展路線圖，列出了主要發展規劃，歐盟電信委員會成員國代表擬計劃到 2025 年在歐洲各城市推出 5G 發展佈局，據此，預計歐盟的 5G 金融將在 2020 年後進入實質性實施階段。韓國國家雖小，但經濟實力雄厚，其 5G 商用化處於領先地位，在 2017 年初，該國兩大巨頭韓國電信（KT）和愛立信以及其他技術合作夥伴宣佈聯合開發 5G 戰略，在 2018 年平昌冬奧會進行了 5G 首秀，各大電信營運商提高了首個大範圍的準商用服務，預估韓國大範圍的 5G 金融推廣也即將納入議事日程。

巴西雖然經濟處於落後狀態，但面對如火如荼的 5G，它也不甘示弱，先後與多國簽署了技術發展協議，以期共同發展 5G，並且巴西在 5G 研發上取得了不小成就，有能力進行 5G 的投資、開發與深層次的研究。如果不出意外，5G 金融或將在拉美地區開花結果。澳大利亞在 5G 發展上緊跟全球發展步伐，政府高度重視，決心加速推動 5G 網絡標準的建立和網絡系統升級。而且，由於經濟實力較強，目前該國已與谷歌、微軟和高通等多家頂級科技公司溝通，希望參與和推動全球 5G 網絡標準的制定和技術開發，對擬議中的 5G 標準做出修改，以保證新標準適用於澳大利亞，對於澳大利亞金融業來說，推廣 5G 金融戰略也是指日可待。

一、中國 5G 金融發展現狀

對於 5G 發展，中國一直高度重視，在政策上給予大力傾斜。2017 年，政府工作報告指出：“全面實施戰略性新興產業發展規劃，加快新材料、人工智能、集成電路、生物製藥、第五代移動通信等技術研發和轉化，做大做強產業集群。”這是政府工作報告首次提到第五代移動通信技術，政府工作報告專門提到 5G，體現了國家對於發展 5G 的決心。2017 年 11 月，工信部正式發佈了 5G 系統頻率使用規劃，將 3.5GHz、4.8GHz 頻段作為中國 5G 系統掀起部署的主要頻段。2018 年 3 月 2 日，工信部又提出進一步加快 5G 系統頻譜的規劃進度，除了中頻段指標之外，還提出毫米波、物聯網、工業互聯網、車聯網的技術指標。2018 年 3 月，在十三屆全國人大一次會議上，國務院總理在發表政府工作報告時提出，加大提速降費力度，2018 年取消流量漫遊費，移動網絡流量資費年內至少降低 30%。從政府層面引導降費以及改變收費方式，有利於倒逼通信產業鏈上各環節加速提高運營效率、提升網絡供給能力，同時資費降低還能帶來流量增長，並推動需求升級。此次降價的總體要求將促進對 4G 剩餘空間的滲透，為 5G 時代的商用奠定市場認知基礎。

正是由於中國政府極為重視 5G 的發展，給予了較好的發展政策，為 5G 的發展與全面推廣使用營造了有利的環境，才使得中國通信基礎設施在全球處於領先發展地位，更使得中國在 5G

的基站建設上在全球首屈一指。前瞻產業研究院發佈的研究報告顯示，中國在政府大力推動下，5G 產業正迎來更多政策紅利，關鍵技術加速突破，使得中國在推進 5G 方面處於領跑地位。目前，中國的 5G 研發已進入第二階段試驗，預計中國在 2020 年將部署超過 1 萬個 5G 商用基站。

另據 2019 年 7 月 17 日新浪科技披露，在以 "5G 商用　共贏未來" 為主題的 IMT-2020（5G 的法定名稱）北京峰會上，中國移動研究院院長張同須表示，中國移動計劃到 2019 年底在 50 個城市建設 5 萬個 5G 基站，並且中國移動建立了五大行業聯盟，包括多媒體創新聯盟、飛聯網聯盟等，通過 5G 聯創共同推動 5G 垂直行業的融合。而且，中國已湧現出掌握世界核心技術的信息通信企業，比如華為領跑中國 5G 發展，華為是全世界 5G 標準提案最多的公司。華為不僅在基站建設方面捨得投入，在人才引進方面也肯花大錢，據中國移動 2019 年 5G 建設主設備租賃單一來源採購結果，華為取得 5G 基站租賃訂單 250 站，佔採購總數量約 50%。此外，目前華為的 5G 相關專利數量在全球排名第一。中國在 5G 方面的高速發展，無疑為中國 5G 金融的發展打下了堅實的基礎。

近年來，中國的銀行機構也紛紛加入數字化轉型大軍，持續加大對金融科技的投入和應用，紛紛佈局 5G 金融。正如銀保監會主席郭樹清指出的那樣，如今所有金融科技公司都與大中型銀行結成了合作夥伴關係，其他銀行也大力發展金融科技，與科技公司在資金籌集、賬戶開立、支付結算、普惠金融等方面開展全方位的合作，效果十分顯著。

目前，中國 5G 金融發展的大致情況是，隨著 5G 的快速推進，5G 金融獲得了金融業的廣泛重視和高度認可，各大金融機構也正著手佈局，意欲佔領 5G 金融的戰略制高點，競爭已拉開帷幕。

據 2019 年 3 月 12 日《今日建行》消息，中國建設銀行與中國移動通信集團舉行了“5G 聯合創新中心合作備忘錄”簽約儀式，雙方將通過金融領域和通信領域的結合，以金融科技推動業務創新，降低金融領域風險。雙方將利用 5G 網絡具備高速率、大帶寬、低時延的技術特點，在機房無人機巡檢、鈔箱運輸路徑監控等方面開展合作，以金融科技推動業務創新。雙方計劃在無人銀行的 5G 使用上深度合作，進行場景融合，實現共贏。建設銀行表示，希望通過與中國移動在 5G 方面的聯合創新，共同探討新型零售網點的模式，將金融服務嵌入人民生活中，構建建設銀行在 5G 時代的金融新生態藍圖。同時，雙方擬充分發揮在通信和金融領域的資源、技術及市場優勢，促進通信與金融的深度融合，這對雙方在 5G 領域投入研發資源、加速技術與產品成熟、共同提升金融科技的核心競爭力具有重要意義。

2019 年 3 月，中國農業銀行官網專場校園招聘信息顯示：該行始終高度重視金融科技創新，不斷加強戰略佈局和頂層設計，在移動互聯、大數據、人工智能、區塊鏈等新興技術應用領域的創新能力位於同業前列。依託城鄉聯動、點多面廣、客戶資源豐富的傳統優勢，中國農業銀行正在按照"互聯網化、數據化、智能化、開放化"的思路，以客戶為中心，以金融科技和業務創新為驅動，積極推進產品、營銷、渠道、運營、風控、決策等全面數字化轉型和線上線下一體化深度融合，全面加強人工智能、大數據、移動互聯、區塊鏈、雲計算、信息安全等技術與金融業務應用場景的快速融合創新，著力打造客戶體驗一流的智慧銀行。

據 2019 年 4 月 4 日《證券時報》報道，工信部部長苗圩與中國銀行董事長陳四清簽署《推動製造業和通信業高質量發展戰略合作協議》，雙方將加大金融對製造業和通信業高質量發展的支持力度，進一步深化產融合作，加快先進製造業發展，推動傳統產業優化升級，培育先進製造產業集群，服務民營企業和中小企業發展，加快推動 5G 商用部署，推動製造業和通信業高質量發展不斷取得實效。5 月 31 日，中國銀行"5G 智能 + 生活館"在北京正式開業，中國銀行方面表示，該網點是銀行業首家深度融合 5G 元素和生活場景的智能網點。其實，這並非第一家銀行嘗試在物理網點中引入 5G，截至 2019 年 6 月，工商銀行、浦發銀行都已對外宣佈推出 5G 網點，建設銀行也透露計劃在 2019 年底之前在京推出 10 家 5G 科技無人銀行。

在智慧轉型方面，工商銀行金融科技部總經理馬雁 2019 年 7 月底在接受《中國證券報》記者採訪時表示，工行正全力推進

ECOS（企業級、客戶、開放、智慧）這一核心工程建設。ECOS 工程的核心理念是，建立金融與科技高度融合的全新生態體系，以新科技支撐新生態，實現全行智慧銀行戰略轉型。目前，ECOS 工程整體進展順利，整合構建覆蓋"全客戶、全渠道、全領域"的全新生態化業務架構完整視圖，為 IT 架構落地實施奠定了良好基礎。另據 2019 年 6 月 11 日工行董事會發表的公告，2019 年 6 月，該行就發佈了關於推出 5G 智慧網點的公告，並在江蘇省蘇州市正式推出首家基於 5G 應用的新型智慧網點。5G 智慧網點將以 5G 為依託，秉承"金融與科技融合、金融與生態融合、金融與人文融合"的理念，通過深度集成和整合大數據、人工智能、生物識別等金融科技手段，建立客戶與金融服務場景的緊密紐帶，有機聯結服務引導、產品營銷、業務辦理、運營管理等各環節，並通過與各類客戶的緊密合作，構築多元化金融服務中心，打造覆蓋周邊區域的泛金融服務生態圈。下一步，該行還將深入推進智慧銀行建設和渠道轉型發展，促進銀行渠道與客戶服務、普惠金融和前沿科技應用的有機融合，持續推動商業銀行經營業態轉型和客戶服務體驗提升。

此外，其他中小金融組織和非銀行金融組織也在加速佈局 5G 金融。據 2019 年 4 月 18 日新浪科技消息，百度與中國電信宣佈達成全面戰略合作。雙方將在智慧家庭、智能雲、智能連接及搜索、智能駕駛、5G 等領域展開深度戰略合作。百度董事長兼 CEO 李彥宏表示，百度與中國電信將以全面戰略合作催生

"化學反應"，不僅在產業層面釋放深刻影響，還將拓展出更多基於人工智能的全新通信應用場景。依託百度在人工智能領域的優勢地位，將有越來越多的智能場景落地，更多的智能場景意味著更多的金融入口，百度旗下的度小滿金融有望在這場 5G 金融爭奪戰中佔據先發優勢。

與此同時，中國的保險、證券、信託、互聯網金融等行業也著手佈局 5G 金融。

二、中國 5G 金融應謀求全球戰略定位

儘管目前中國在 5G 發展方面處於世界領先地位，5G 金融也進入實質性實施階段，但中國在推進 5G 金融發展戰略上，不能只著眼於中國，而要著眼於全球，既要充分有效吸收全球尤其是歐美日等在 5G 金融發展方面的成果，也要不斷開拓出具有中國特色的 5G 金融發展新路，根據全球 5G 金融的發展動態、現狀，不斷調整優化中國 5G 金融發展思路，緊跟時代步伐，結合本國國情發展實際，從全球視野確定中國 5G 金融的戰略方向、戰略決策和戰略理念，有效提高 5G 金融的核心競爭力，使中國 5G 金融發展引領世界潮流，掌握發展主動權，避免淪為"落後捱打"的局面。

為確保實現中國 5G 金融在全球的領先地位和戰略發展目標，建議採取較為實際的政策措施。

一是中央政府可考慮成立國家層面的 5G 金融研究與領導機構，由工信部、國家發改委、央行、銀保監會、大型商業銀行總行以及已經獲得 5G 商用牌照的四大公司等組成，負責推進制定中國 5G 金融戰略發展規劃、5G 金融技術攻關難點、5G 金融產品研發、5G 金融風險控制等工作。

二是圍繞 "一帶一路" 倡議及打造人類命運共同體的理念做文章，除搞好國內 5G 金融的建設、推廣與運用之外，與 "一帶一路" 沿線國進行深度融合與協作，以 5G 金融作為帶動金融與貿易全面走向世界的有效載體，鼓勵有實力的中國金融企業將 5G 金融發展成果推向國外，大膽走出去，在國際上與其他國家展開全球競爭，讓中國的 5G 金融融入全球經濟發展新格局。

三是隨時掌握全球 5G 金融發展動態，搞好與其他國家的技術協作與交流，做到互通有無，不斷提升中國 5G 金融發展水平。為實現這些目標，中央政府可考慮設立國家專項推進基金或獎勵基金，對於在推進 5G 金融方面有突出業績和貢獻的金融機構、科技企業和個人進行獎勵，促進中國 5G 金融的不斷創新與發展，使中國 5G 金融始終走在世界的前沿。

三、中國及全球 5G 金融發展面臨的機遇與挑戰

5G 金融因 5G 的大規模商用而得以實現，其帶來的各種機會確實較多，發展前景也較為廣闊，可深入和滲透到社會金融

生活的方方面面，包括企業居民貸款、購買商業保險、投資理財等，都將出現 5G 金融的身影。在 5G 金融時代，金融產品和服務將放下高高在上的架子，走入每個人的生活，即便部分偏遠地區的人，也都能享受到豐富的金融服務，真正體現出金融的普惠性。

儘管如此，5G 金融可能存在的風險也不可小覷。因為 5G 網絡傳輸的高速度、大容量，以及萬物互聯帶來的海量數據，均需要金融行業有更強大的處理能力、識別能力，稍不注意，就有可能給金融業帶來巨大的風險隱患。從目前來看，金融監管部門和金融機構雖然有相關的部門設置，並配置了專門人員，但其他業務崗位和條線能夠懂得 5G 的人才並不多。對於大部分的金融業從業人員來說，雖然對於普通的傳統風險已經爛熟於心，但對於 5G 金融時代新技術帶來的新風險，還比較陌生，這就需要金融業必須加快專業科技人才的引進、培養與儲備，部分人才的招錄由懂金融業務向懂 5G 金融技術及操作的方向轉變，使金融業能夠及時跟上時代的發展，用科技的力量封堵 5G 金融可能潛藏的各類風險。

同時，金融行業自身也存在技術風險，一個是底層基礎設施一旦遭遇攻擊，將給整個金融體系運行帶來系統性衝擊；另一個是連接更多智能終端之後，網絡安全問題必須提升到重要位置。而且，也要看到，當數據呈幾何級增長之後，如何合理界定數據的使用範圍，如何保護金融消費者的隱私權等，將面臨極大的考驗。關於 5G 金融時代的風險防控，我們將在第六章進行詳細闡述，歡迎查閱，此處不再贅述。

　　總之，在 5G 金融時代，我們既要充滿信心、放眼全球，也要腳踏實地、揚長避短、扎實推進，充分利用好最前沿的科技，把中國的金融業發展成具有國際競爭力的優勢產業。

5G 將助推金融業躍升發展

　　5G 具有高速率、低時延、低功耗、泛在網等技術特徵，5G 與金融業發生 "化學反應"，催生出 5G 金融，而 5G 金融的誕生，勢必會反過來對移動通信技術的發展產生牽引作用，加速移動通信技術的更新迭代。可以說，每一次科學技術的飛躍，都會給金融業帶來重大的影響，尤其是 5G，其對金融業的影響將是一場顛覆性的革命，將助推行業向高端化、智能化、個性化方向演進。

　　那麼，5G 對金融業到底會產生哪些影響，其影響的切入點到底在哪裏？這些問題既是金融監管部門、金融從業者和社會各界關注的重點問題，也是一個亟須掌握的焦點問題。可以確定的是，5G 將助推金融業躍升發展，主要體現在如下幾個方面。

一、讓金融業認識到科技力量的重要性、緊迫性和必要性

現代金融業的競爭不再是低層次、高成本的消耗型競爭，而是高層次、低成本的智慧型競爭，也就是說依靠大規模的員工數量、分支機構數量來獲得競爭優勢的做法，在 5G 時代不再適用。未來，金融業的競爭核心，將聚集在能否對市場動態及時掌握、對客戶信息能否分析到位、對市場反饋能否及時反應、對客戶需求能否提供適宜的產品等方面，而這一切，都要依賴先進的科技手段。而且，金融機構如銀行從過去鋪攤設點、打消耗戰、拚人力的"小米加步槍"和"遊擊式戰爭"，到現在依賴科技的"大兵團"、信息化競爭，都是時代發展和科技進步的產物，是不以人的意志為轉移的。這是從 1G 時代至 4G 時代，已被無數實踐所證明且不容任何質疑的客觀事實。

5G 時代，在信息傳播、獲取、分析、利用等方面，相比4G 時代是一次質的飛躍。很顯然，誰先佈局 5G 金融，誰先加大在 5G 金融方面的投入與研發，誰就會在 5G 金融的較量中佔據主動權，進而在市場競爭中佔據先發優勢，成為領跑者。反之，如果對 5G 時代的來臨仍然麻木不仁，或反應遲緩、滿足於既得的利益、不思進取、抱殘守缺，並且讓經營發展理念始終停留在"小農意識"狀態，那麼必然會落後於 5G 時代更快的發展速度，最後會失去市場，甚至有被市場淘汰出局的危險。畢竟，5G 時代的技術革新將比現在更快，即便你今天保持著巨大優

勢，幾個月甚至幾天後，對手就有可能研發出更受市場歡迎的產品，從而一舉搶佔市場。

所以，隨著 5G 時代來臨，整個金融業都必須革新觀念，用發展的眼光看問題，充分認識到科技的強大威力，提升緊迫感、危機感和憂患感，將經營管理的重心轉向圍繞 5G 金融的技術開發與產品投入上來，圍繞 5G 金融的推廣與使用做文章，破除金融業發展過程中存在的認識誤區，為金融業的未來發展鋪平道路。

"春江水暖鴨先知"，作為現代經濟的核心，金融業應該比其他行業更早感受到 5G 對自身的深刻影響。基於行業特殊的敏感性，各大銀行、保險、證券、信託等機構紛紛著手佈局 5G 金融，與相關科技公司簽署了戰略合作夥伴關係合約，在智慧銀行、無人銀行、人工智能等方面進行深度合作。對此，我們完全可以期待，這些合作必將很快開花結果，或許在不久的將來，人們現在還未想到的創新金融產品和服務將如雨後春筍般湧現。

二、5G 將給金融業的經營模式、發展方向帶來顛覆性改變

5G 的低時延、低功耗等特徵，將對金融服務場景進行再造與提升，客戶將徹底改變對之前金融機構排隊長、耗時多的傳統印象，對金融機構的抱怨和詬病也將大大減少。屆時，能夠熟練掌握和使用 5G 的年輕客戶，無須到門店現場辦理業務，在單

位、咖啡廳、車站等場所，只需一部手機或通過智能終端就可辦理，而老年人或對高科技產品使用不熟練的客戶，在現場辦理業務也不用排隊等待，功能強大的智慧機器人會一步一步引導你完成業務辦理。可以設想一下，一位行動不便的老人需要辦理開戶手續，當他到達金融機構的門店時，門口的智能感應系統識別來人是老人後，會立刻派出智能機器人迎接，並攙扶老人，然後詢問老人需要辦理的業務，機器人再帶著老人走完所有業務流程。整個服務過程完全不需要現場工作人員進行干預。

隨著 5G 和生物識別、影像識別、人工智能、語音分析、VR、流程自動化等前沿科技的大規模應用，未來金融業的經營發展模式將出現顛覆性改變。金融機構現有的經營方式會逐漸被淘汰，並誕生新的發展模式。比如，如今的證券公司為了提升業績，會培訓大量經紀人通過舉辦免費投資講座、大面積發送短信、參與各種會議、找熟人介紹等方式，發展新的客戶進行開戶交易，從而獲取交易佣金。5G 金融時代，實力較強的證券公司可以依靠虛擬現實技術，向所有潛在客戶展示公司的研發成果和以往投資產品的歷史業績，而這些潛在客戶只需在手機上點開視頻，就能對公司的歷史和現狀進行全面了解，再根據自己的需要和風險偏好決定是否選擇成為這家公司的客戶。

同時，金融業在發展方向上也會有很大的改變，金融業不再局限於線下業務，而是把更多的業務轉向線上，通過 5G 將幾乎所有的金融業務和金融產品推上線上。而且，金融機構在業務拓展上，發展客戶的視野和範圍不再局限於本地區，而是面向全國各地甚至是世界各地，遠在地球另一端的某個島國居民，都有可能會成為客戶。到時，無須擔心不同國家語言不同、交流不暢的問題，因為在線及時翻譯系統會把地球上的所有語言自動轉換，地球將真正成為一個"村子"。因為 5G 的萬物互聯特徵，使金融業服務開始向"連接無感、服務無界、安防無憂、體驗升級"等方向發展，可對人們的各種金融服務需求實現無縫對接，便民繳費、預約掛號、旅遊出行等可實現"一站式服務"，使金融服務的社會化功能更加凸顯。

金融的重要功能在於充當支付結算和資金融通的中介，5G 金融時代，在未來產品不斷智能化、場景多樣化、模式創新化的大背景下，第三方支付平台將獲得更加廣闊的發展空間，銀行金融機構的轉賬服務功能有可能被弱化，金融支付的渠道更加多樣化，整個金融領域的支付結算能力將得到極大的提高，資金運轉將更加通行無阻，大額轉賬或週末轉賬要幾天之後或經人工審核再到賬的情況將不復存在。

此外，藉助 5G，金融機構對信息的搜集能力將越來越強。比如銀行可對貸款人的各種信息因素進行綜合分析，對其進行全面評價，有效防範故意賴債不還行為，有效防堵信用違約風險。保險公司也是如此。以車輛出險為例，客戶出現交通事故需要理賠時，不用保險員親自勘查現場，只需要客戶上傳現場毀損照片、視頻，然後保險公司根據該客戶在整個金融系統的信息進行

分析，比如有無惡意欠貸、詐騙等信息，就能判斷其出險是正常
行為還是惡意行為。如果是正常行為，即可馬上做出定損金額，
並及時將理賠款打至客戶賬戶，完成理賠流程。

　　總之，5G 使金融機構可將金融消費者的個人信息等資料儲
存在雲端，辦理業務的時延低至毫秒級別，數據傳輸可實現無感
知和無緩衝時間，能為消費者提供全新服務，絕大多數金融機構
網點不需要工作人員，客戶只需依據人臉識別和手機驗證等方
式，就能通過智能櫃員機或手機端辦理自己所需要的一切業務，
極大地提高了客戶辦理業務的快捷性和方便性。尤其是，5G 將
助推無人銀行、開放銀行、虛擬銀行、賦能銀行等現代商業銀行
運營模式的創新發展，開闢出一片廣闊無垠的金融服務新天地。
值得一提的是，未來還有可能出現交易密碼和現金支付消亡，數
字加密貨幣將得到廣泛推廣或使用。目前，中國央行正在著手數
字加密貨幣的開發，這正是順應 5G 金融的現實需要，在不久的
將來，貨幣可能會從我們的現實生活中淡出。

三、5G 將為金融業創新金融服務產品提供技術支撐

　　5G 時代來臨，為金融業創新金融服務產品提供了現實可
能。目前，銀行、保險、證券、信託、互聯網金融等金融機構提
供給民眾的金融產品比較豐富，基本能滿足消費者的金融服務需
求，而且金融業在金融產品創新與開發上已達到了相當高的水

平。但也要看到，目前金融業提供的產品，有不少還存在很大的缺陷。比如銀行推出的金融理財產品讓很多投資者看不懂，在發行時也存在故意誤導等行為，在剛兌已被打破的現實語境下，可能會讓部分投資者出現較大損失。同時，也有不少保險產品在設計上缺乏科學合理性，部分產品考慮消費者的利益過少，考慮保險機構的利益過多，一些產品在風險承擔上缺乏公平性與公正性，讓保險消費者承擔了過多的風險。而 5G 將打破信息不對稱的壁壘，把金融產品設計得科學合理，也將讓金融產品緊跟消費者的需求，滿足不同消費者的隨意性、及時性、多樣性的個性化需求，除了批量生產的標準化產品之外，還必須能夠開發一定數量的定製化產品。

這樣一來，不僅提高了金融機構為消費者提供金融產品的準確度，更讓金融機構在代客理財、資產管理、企業顧問等方面的能力空前提高，使銀行自身的投資獲利能力不斷提升，獲得更多企業和個人消費者的信賴，使金融機構與客戶成為更加緊密而又相互促進的、休戚相關的利益共同體，最大限度地消除金融機構與消費者之間的權益糾紛，使各種金融維權案件大減，助推金融業的生態環境更趨健康。

四、5G 將極大減輕金融業負擔，為金融業注入無限生機與活力

　　當 5G 廣泛運用於金融業之後，萬物互聯的特點將讓金融業通過多種渠道、各個領域獲取海量信息，營業場所可以大幅壓縮直至最終取消，金融機構的固定經營成本可進一步壓縮，同時員工開支也將壓縮到最低水平。而 5G 低時延的特點，可讓金融機構節約大量的服務時間成本，把更多的時間和精力用來研發更切合消費者實際需求的金融產品，從而提供更有效的金融服務。得益於營業成本大幅降低，服務效率極大提高，經營利潤將獲得大幅提升。可以預估，5G 時代，整個金融業的經營成本得比現在要降低三分之一以上，經營利潤則有可能比現在至少提高三分之二以上。

　　更為重要的一個影響就是，隨著大量的固定物理網點消失和大量的崗位人員被壓縮，金融業將走上低成本消耗之路。尤其是銀行業，將可保持較高的資本充足率，使銀行的資本充足率滿足《巴塞爾協議》規定的比例。加上盈利能力大幅提高，撥備覆蓋率不斷提高，其他壞賬損失準備也會不斷增加，銀行業的整體抗風險能力會不斷加強。尤其是，在萬物互聯的環境下，銀行可給借款方安裝智能感應器，如此銀行就能掌握借款方的生產、銷售、物流、存貨情況，有效掌握企業信貸資金使用動向，防止企業轉移挪用信貸資金，銀行的信貸風險可降到最低水平。

五、5G 有利於解決金融業的頑疾，能有效遏制監管套利行為

5G 具有泛在網等技術特點，能使金融業的各種信息實時反饋至監管部門，由此，金融業的運行動態始終處在金融監管部門的有效監管之下，沒有任何監管盲區。過去那種靠各種暗道攫取不正當利益和轉移資金的做法將被封死，任何歪門邪道將不再靈驗，層層嵌套、空轉套利等行為將難以為繼。

此外，基於 5G 技術，金融業的動態還可以受到企業及民眾的共同監管，一家金融機構是否有充足的資金，資金的主要使用方向，以及其資金的寬鬆情況，企業和民眾都了如指掌，有需要的企業和個人可根據金融機構的資金狀況申請貸款及融資，做到有的放矢，金融機構想隱瞞實情以糊弄企業和貸款人的歷史將一去不復返。由此，長期以來 "融資難，融資貴" 的老大難問題有望徹底解決。

六、5G 將促使中國金融業引領全球金融發展步伐，提高國際競爭力

當 5G 全面融入金融業後，能及時、準確地發現中國金融業自身的不足及缺陷，還能發現中國金融業與國外先進發達國家金融業之間的差距，並能迅速找到中國金融業未來發展的正確方向，避免中國金融業陷入閉目塞聽的發展狀態。

當前，中國金融業的開放力度越來越大，這對國內的金融機構既是機遇也是挑戰。機遇是，國外跨國金融機構可以帶來先進的經營管理理念及技術，有大量可供借鑒的經營管理方略、金融產品創新的方式、抵抗經營風險的良好方法，能對加速中國金融業發展，提高中國金融業參與國際競爭的能力，從而帶來良好的機遇。而挑戰是，如果在 5G 金融的技術研發與推廣上落後於人，中國金融機構的信息技術將受制於人或被別人竊取，那麼中國金融業的核心信息技術及發展策略就可能被別人掌控，沒有商業秘密可言，中國金融業的安全性也會喪失，在激烈的市場競爭中，將陷入被動捱打的困局。

七、5G 將有效防範區域性、系統性金融風險

當 5G 全面運用於金融業經營管理與風險控制之後，不僅能使金融業的市場拓展能力、客戶獲取能力、風險定價能力、新產品開發能力、消費場景提供能力等得到提升，還能促進金融行業的高速發展。尤為重要的是，5G 能為金融業提供科學的風險控制模型，並對金融行業風險趨勢進行準確把握，更能對風險苗頭進行及時甄別，並及時採取有效的預防措施，建立風險預警機制，讓中國金融行業走出 "盲目快速發展—金融行業出現泡沫—金融調控降槓桿—金融市場收緊—監管再放鬆—金融市場再膨脹" 的發展怪圈，使金融業的發展更加平順，將大量可預防

的金融風險消滅在萌芽狀態，區域性和系統性金融風險被有效預防，從而最大限度減少金融風險給社會經濟帶來的震蕩。

5G 將催生更多金融新業態

5G 是人類社會發展到一定階段的時代產物，它不僅會更好地促進人類社會經濟的全面進步與發展，為人們的日常生活提供極大方便，而且更會給金融業帶來巨大的發展機遇，催生更多的金融新興業態。

在人類歷史上，金融業發展到今天的水平，都是科技信息技術不斷進步的結果，一切金融業都是從當初最原始的銀行發展而來的，而 "銀行" 一詞則來源於意大利語的 banca，其原意為長劍、椅子，是最早的市場上貨幣兌換商的營業用具，而英語轉化為 bank，意為存錢的櫃子。銀行最早是 1407 年在威尼斯成立的，此後，荷蘭在阿姆斯特丹、德國在漢堡、英國在倫敦也相繼設立了銀行。18 世紀末至 19 世紀初，銀行得到了普遍發展。而一開始這些銀行也僅僅是經營簡單的貸款和存款業務，到了 20 世紀之後，銀行業獲得了極大的發展，不僅信貸業務日益發展，並且在其他領域的功能也越來越廣泛。尤其在社會經濟發展中，在幫助企業和居民融通資金、提高社會金融槓桿率、為民眾提供投資理財產品等方面發揮了重要作用。同時，隨著歷史向前發展，在銀行業務的基礎上逐漸分離和衍生出保險、證券、信託、資產管理等多種金融機構、金融產品和金融業態，銀行信貸員、風險評估師、保險營銷員、證券分析師、理財師等金融職業也不斷湧現並進入尋常百姓生活。特別是成為現代經濟的核心之後，金融的作用大幅提高，除了為國家經濟的穩定發展提供支撐，還大大豐富了民眾的金融生活，滿足了民眾對金融的各種需求。

尤其是 20 世紀末和最近十多年，由於移動通信技術的日新月異，金融業發展的總體水平、能力、規模等超過了過去幾百年發展的總和，金融業也由過去單純的從事金融活動的行業向金融"百貨公司"轉化，由簡單走向複雜，金融業對經濟發展的拉動作用不斷增強。在此期間，金融新興業態也不斷湧現。近年來，各種互聯網金融、"寶寶"理財產品、網絡金融中介等新興金融業態不斷湧現，藉助互聯網技術的新型金融組織更是琳琅滿目，一時間，金融業似乎成為最賺錢的行業，各種社會力量爭相殺入金融行業，比如不少實體企業、大型電商平台紛紛參股或獨立設立金融機構，大量的優秀人才向金融業湧入，在金融業工作被視為"高大上"，讓不少人羨慕不已。

而今天的傳統金融業由於受到互聯網金融等新興業態的衝擊，加上金融脫媒現象加劇，經營盈利能力有所下降，風險有所回升，尤其是在經濟增長趨緩的大背景下，受到多重不利因素影響的銀行業，不良率有所反彈，造成這種現狀既有經濟增長降速的客觀因素，也有科技信息技術發展面臨發展瓶頸的因素。換句話說，金融業要想拓展新的業務領域、獲得更多的競爭資源，當前的科技信息技術手段仍顯不夠。可喜的是，5G逐步成熟，當 5G 全面運用於金融領域後，不僅能夠解決現有金融業在經營競爭、經營管理上的一些瓶頸，還勢必會催生更多的新興金融業態，一方面給廣大民眾提供更多的金融產品和服務，另一方面為新時代社會經濟發展和行業帶來新的活力和機遇。

事實上，在 4G 時代，人們已經感受到了移動通信技術帶來的巨大便利。除了傳統的銀行、保險、證券、信託、金融等機構提供的產品越來越豐富，服務手段越來越先進之外，P2P 網貸、餘額寶、眾籌等互聯網金融產品，還為填補傳統金融的市場空白，滿足缺乏擔保抵押物而又有正當金融消費需求的民眾帶來了幫助，這些新興的金融機構和渠道，有效化解了社會弱勢群體難以獲得金融服務的尷尬局面，解決了他們的一些實際困難。尤其是，對那些初創小微企業來說，通過這些方式融資獲得了創業資金，實現了創業成功，解決了部分人的就業問題，貢獻可謂不小。

但正如一枚硬幣的兩面，科學技術既會帶來有利的、積極的社會金融作用，也會帶來消極的、負面的金融效應。之所以近年來金融亂象頻發，除了監管理念和制度跟不上，甚至缺位之外，用於監管的技術手段不夠先進也是一大因素。數據顯示，2018 年，全國公安機關共立非法集資案件 1 萬餘起，同比上升22%；涉案金額約 3000 億元，同比上升 115%，波及全國各個省區市。此外，重大案件多發，2018 年，平均案值達 2800 餘萬元，同比上升 76%。一些案件涉案金額達上十億元甚至上百億元，不法分子將非法集資款用於還本付息、支付運營費用等，造成群眾的巨大損失無法挽回。

所以，科技的發展帶給金融業的作用不全是正面的，也有可能是負面的；猶如打開一扇窗子，既可以帶來清新的空氣，也會有蚊子隨之飛進來叮人。這就需要金融監管部門根據行業發展規律及安全要求，制定各種規範的發展制度和監管制度，設置一定的門檻，進行資質審核，將那些有可能損害社會經濟發展、金融健康運行、民眾合法權益的金融組織和個人擋在大門之外，唯有如此，才能創造一個健康可持續的環境，使金融業發展始終運行在健康軌道上。

隨著 5G 的商用和 5G 金融時代的來臨，金融業將迎來新的春天，這是因為，5G 將催生更多的新興金融業態，而且這種巨大變化將很快到來。

一、新的金融服務機構將不斷湧現

回顧歷史，金融業每一次的大發展，出現新裂變，以及產品和服務不斷向著豐富化、多樣化發展，都是科技大發展推動的結果，從最初的銀行，到隨後保險、證券、信託等機構的湧現，再到近年來如雨後春筍般誕生的互聯網金融機構，先進科技的推動作用越發明顯。在 5G 金融時代，如今還處於概念階段的金融產品將大量誕生。特別是，由於 5G 萬物互聯的特點，物與人、人與人的交互信息將呈幾何級增長，現在不能交易的物品，未來將可以交易；如今實現不了的交易方式，未來將會被開發出來。可以預見，智慧金融、物聯網金融、無感交易、全球化交易等將成為未來最重要的金融業態。具體來說，未來的金融業將呈現如下幾大特點。

1. 金融業將從有形逐步轉向無形

線下金融機構將會逐步減少乃至消失，線上金融將大幅增加直至全部替代線下，金融的發展模式由低級向高級、複雜和智能化發展。比如，互聯網金融會換代升級，其中網絡貸款可能會由目前的個人對個人發展到加入監管者的階段，變成資金提供者、使用者、監管者共同參與，確保資金使用明確、安全可靠，每一筆交易的風險都會大大降低。

2. 金融機構會進一步分化

未來，行業細分更加綿密，如在銀行業，有專門對企業和居民提供一般信貸融資的智慧型銀行，也有專門為企業和居民提供投資理財服務的專業理財銀行。無人銀行、開放式銀行、虛擬銀行等新型銀行會誕生。

3. 金融場景將呈現爆發式增長

未來，除了極少數智能化物理網點外，金融場景會向社會的其他場所全面滲透，藉助 5G 人臉識別、遠程面簽、VR、大數據等技術，咖啡店、商場、飯館等公共場合都可以依靠現場設置的智能終端進行金融活動，而汽車、電視、手錶等都會嵌入金融功能，人們可以真正足不出戶，隨時隨地選擇自己需要的金融產品和服務。

此外，金融業還有可能由過去的集團式統一組織經營向獨立的、分散的個體組織轉化。5G 的萬物互聯特徵還有可能催生更多的民間金融組織，只要符合監管要求，越來越多的民間金融組織可以為公眾提供更為豐富的金融服務。屆時，各種小型的網絡理財公司、商業保險公司等紛紛出現，這些小型的金融組織會服務傳統金融機構和大型機構不願服務或無暇顧及的零散客戶，為這些客戶開發更具個性的產品。比如，一位年紀較大的殘疾人，沒有家人，沒法去銀行享受到必要的金融服務，而傳統銀行又不可能派專人上門服務，那麼，這就為小型金融組織帶來了機會，可以開發出適合這位殘疾人的各種個性化產品，並在其家裏安裝一台直連這家金融組織的智能終端，可以全天候提供金融服務。

二、新的金融職業將不斷誕生

金融職業的誕生及不斷拓展也是科技發展的產物，金融業發展到今天，催生了很多金融職業。目前，與金融業有關的職業多達幾十類，有融資專員、外匯交易員、理財經理、債券交易員、金融產品研發員、保險業務員、授信制度管理員、授信審查員、資金營運交易員、投行業務經理、金融分析師、保險精算師、基金經理、銀行風控員、註冊分析師、註冊會計師、金融風險管理師、註冊國際投資分析師、財務顧問師、特許公認會計師、特許財富管理師等。而在 5G 金融時代，將催生更多的新型金融職業，這些新興的金融職業應主要出現在金融中介和金融撮合領域，因為 5G 能讓很多金融業務不再需要當面審核，也不需要到物理網點就可以辦理，人們可利用物聯網技術，結合區塊鏈技術，輕鬆建立起自己的交易賬戶。而提供客戶獨立交易賬戶的，可以是綜合交易網站，這些網站既可由金融監管部門授權傳統金融機構經營，也可授權給符合資質的民營企業或個人經營，因為 5G 金融時代人們對金融產品和服務的需求比現在更大，未來的民營銀行、民間金融組織和金融從業人員的數量將會是現在的幾十倍甚至成百上千倍，讓金融服務企業或組織變得無處不在、無所不能，此前大量的金融線下從業人員將轉到線上。屆時，線上金融分析師、線上金融中介師、線上金融審計師、線上金融會計、線上金融風控師、線上資產評估師、線上金融投資理財師等新興的金融職業崗位將大量湧現，成為金融行業的一道新景觀。

三、新的金融服務方式和產品將不斷破繭而出

4G 時代，金融服務方式已經比較靈活，金融服務已滲入社會經濟生活的方方面面，無論是金融機構為企業提供的信貸間接融資，還是資本市場、債券市場的直接融資，都為企業的發展提供了方便。而且金融機構給個人提供的金融產品和服務也幾乎覆蓋了大部分領域，比如消費貸款、住房抵押貸款、銀行理財產品、保險產品、眾籌、手機炒股、信託等，使得人們獲得的金融產品和服務比 20 世紀的七八十年代實現了質的飛躍，基本消除了金融服務的盲區。

5G 金融時代的到來，將會促進金融業在服務方式與產品開發上更加突飛猛進，並且帶來形式上的新變化。

金融服務方式除了由現有的線下有形方式向線上無形方式轉化之外，一個最大的變化可能是，由現在少數由金融監管部門頒發金融執業執照的金融機構集中提供服務，向更多符合資質的民間組織和個人分散提供轉變。換句話說，未來能夠提供產品和服務的機構數量可能出現井噴，這些機構或組織提供的產品和服務方式將比現在更具針對性和個性化。比如，一家企業或一個貸款戶需要流動資金，傳統銀行機構可以提供，民間金融組織也可以提供，甚至獲得准入資格的個人也可以提供，只要雙方協商的貸款條件達成，憑藉 5G 的低時延、高速度等特點，發放貸款會數秒到賬，不會出現像 4G 時代或之前那樣數天甚至數月才到賬

的情況，效能大幅提高。

四、新的金融服務需求將不斷得到滿足

4G 時代，金融業提供的各種產品和服務已經滿足了民眾日益豐富的大部分需求，民眾享受到的金融服務較過去有了較大提高，但不得不說，當前大多數傳統金融機構的思維主要遵循"穩"字當頭，服務大多是按部就班和循規蹈矩的，基於符合監管要求和安全考慮，一些服務還比較"老舊"，沒有真正做到與時俱進，個性化的金融服務需求不多，每家機構的產品和服務同質化嚴重。比如，目前，A 銀行提供的理財產品和 B 銀行提供的理財產品，除了名稱不同，背後對接的資產、預期收益率等大同小異，客戶選擇任何一家的產品都沒什麼太大區別。未來，如果某位客戶對市面上的大多數理財產品不感興趣，只想投資某個非洲國家的產品，那麼金融機構依然可以通過 5G 的諸多特點，設計出一款適合這位特殊客戶的個性化產品，並提供專業的投資建議和風險分析供其選擇。換句話說，4G 時代，金融機構因為各種主客觀原因，根本無法滿足客戶的很多個性化需求，但在5G 金融時代，基於強大的科學技術和監管思維的放開，要實現起來根本不是什麼難事。

五、金融與非金融的界限將不斷模糊

4G 時代，除了一些金融控制集團或旗下的各種子公司之外，金融業與非金融業的界限一度比較清晰，相互間的界限涇渭分明，並且政府監管機構也有明確的監管規定，禁止金融業從事非金融業務經營，同時也禁止非金融企業從事金融業務，其本意在於控制經濟風險與金融風險相互傳染，確保國家經濟金融穩定，避免金融危機乃至經濟危機爆發。

而在 5G 金融時代，因為萬物互聯技術的應用，長久以來金融分業經營格局有可能被打破，金融和非金融的行業界限將會模糊，也就是說，未來提供金融服務的，既有可能是金融機構，也有可能是其他企業；金融機構既有可能經營金融業務，也有可能經營其他業務。到時，新的綜合性金融巨頭會誕生，更多小而美的金融組織會密佈社會各個角落，形成共同發展的和諧局面。

可以肯定的是，在社會層面，5G 的低時延、泛在網、萬物互聯等技術特徵，將進一步推動移動互聯網在創新創業方面的作用，預計製造業、服務業等將與金融業高度融合，生產出更加高端的智能化和高附加值產品，催生領先世界的新服務，增強中國的科技競爭力。

值得一提的是，基於 4G，共享經濟開始大行其道，共享單車、共享汽車、共享充電寶等紛紛進入人們的日常生活，從充分利用資源的角度出發，5G 時代是否會讓這些共享經濟形式被賦予新的金融屬性呢？從技術發展的脈絡來看，完全有可能。
比如，5G 金融時代，假如一位女性有一個名牌包，因為某種原
因，她打算一年內不背這個包，但她不想讓這個名牌包在這段時
間閒置，於是她打算在某個二手交易平台上把包租出去，為了讓
別人更多地了解這個包的真實信息，她可以上傳原廠家生產這個
包的視頻、運輸信息、自己的使用信息和目前包的新舊成色等，
還可以模擬這個包背在身上的效果，而遠在千里之外有意租借這
個包的客戶，可以通過這些信息來決定是否花錢和花多少錢來租
借。顯然，這些在 4G 時代是很難做到的。

5G 將給普惠金融推廣帶來新機遇

所謂普惠金融，由聯合國在 2005 年提出，是指以可負擔的
成本為有金融服務需求的社會各階層和群體提供適當、有效的金
融服務，小微企業、農民、城鎮低收入人群等弱勢群體是其重點
服務對象。據世界銀行估算，2014 年全球有約 20 億成年人無法
享受最基礎的金融服務，有效金融服務需求也無法得到滿足，在
中國一些偏遠地區，也有一些人無法享受基本的金融服務。

可見，普惠金融是各國迫切需要解決的現實問題，因為這
個問題事關重大，具有現實性、緊迫性和必要性。不僅關係到普
通民眾的金融可獲得性，讓金融改革成果惠及所有民眾，讓全體
民眾分享金融發展的成果，更關係到金融業自身發展的前景。未

來，金融業發展的一個重要因素就是，看誰擁有的客戶群體多。過去很多銀行把營銷的著力點放在中高端客戶上，但中高端客戶資源畢竟是有限的，不可能無限增長。之所以如此，是因為數量龐大的小客戶比較分散，金融機構為他們提供服務，成本較高，產生的收益卻很低，即收入與支出不成正比。事實上，正是因為傳統大型金融機構不願意或者說無法為中低端客戶服務，一方面讓互聯網金融得到了生存發展空間，另一方面讓自身丟失了很多客戶。

最近十多年來，金融業對普惠金融服務的認識不斷提高，對普惠金融服務的投入力度也不斷加大，在物理網點佈局和金融科技投入上雙管齊下，取得了一定的成績。尤其是，近年來金融監管部門在督促金融機構推進普惠金融的政策方面，出台了不少有力措施。

2011 年 3 月，中國銀監會辦公廳發佈《關於進一步推進空白鄉鎮基礎金融服務工作的通知》，制定了 "堅持市場化原則運作與履行社會責任相結合、重點強調和注重發揮金融服務功能、注重金融服務有效覆蓋" 等具體措施，並提出了 "通過三年時間努力消除農村金融服務空白鄉鎮、2011 年底全國減少 500 個金融空白鄉鎮" 的戰略目標，力爭在 2020 年底前全面消除金融機構空白鄉鎮，在具備條件的行政村推動實現金融服務 "村村通"。涉農金融機構採取各種辦法在金融空白鄉鎮增加了物理網點或其他機具，比如 POS 機，之後又開通手機網絡銀行。

　　2016 年 2 月，中國銀監會辦公廳發佈《關於推進普惠金融發展工作的指導意見》，確定銀行機構初步建立普惠金融統計分析和考核評價體系；確保小微企業貸款投放穩步增長，擴大小微企業金融服務覆蓋面，提高貸款可獲得性，力爭實現小微企業貸款"三個不低於"目標；努力實現涉農信貸投放持續增長，進一步提高鄉鎮網點和行政村基礎金融服務覆蓋率；增加建檔立卡貧困戶信貸投入，大幅度提高建檔立卡貧困戶扶貧小額信貸覆蓋率。同年，中國銀監會印發了《關於做好 2016 年農村金融服務工作的通知》，要求銀行業金融機構認真落實中央 1 號文件等精神，不斷加大金融支農力度，切實補足金融服務短板，著力強化對加快農業現代化的金融支持，努力實現涉農信貸投放的持續增長。

　　2017 年 5 月，中國銀監會辦公廳下發了《大中型商業銀行設立普惠金融事業部實施方案》，要求各大型銀行在 2017 年內設立普惠金融事業部，並加強組織領導，將其列入戰略規劃，定期審議相關事項；要成立專門的籌備工作領導小組，由行領導擔任組長，加強統籌協調，推動相關工作有序開展；構建組織體系，建立健全普惠金融條線型垂直管理架構，可在董事會設立普惠金融發展委員會或指定現有專門委員會承擔相關工作，可在管理層設立普惠金融管理委員會或指定現有專門委員會承擔相關工作；總行應當設立普惠金融事業部，分支機構應科學合理設置普惠金融事業部的前台業務部門和專業化經營機構；普惠金融事業部中後台服務職責可由全行統一的中後台部門承擔，明確業務邊界；普惠金融事業部應聚焦小微企業、"三農"、創業創新群體和脫貧攻堅等服務領域。各大型銀行要立足現有客戶基礎、業務特點、服務優勢，突出重點，提高服務精準性和有效性，形成各具特色的普惠金融服務模式。建立專門機制，要按照商業可持續原則，建立專門的綜合服務、統計核算、風險管理、資源配置、考核評價機制，將內部資源、政策向普惠金融服務領域傾斜，下沉經營重心，建立健全權、責、利相結合的自我激勵約束經營機制。統籌有序推進。要科學制定普惠金融事業部發展規劃，有計劃、分步驟、高效率地推進普惠金融事業部制改革。可先在部分地區試點，取得經驗後再推開。優化普惠金融前、中、後台業務管理，分階段推進組織架構完善、業務流程改造、信息系統優化和產品服務創新。

正是在監管部門出台的政策指引下，經過金融機構的努力推動，中國普惠金融取得了長足的發展與進步，為社會弱勢金融人群解決了不少金融有效需求服務不足的問題，取得了一定的普惠金融服務成效。2018 年 10 月，中國銀行保險監督管理委員會發佈的《中國普惠金融發展情況報告》顯示，截至 2017 年末，中國銀行業網點鄉鎮覆蓋率達到 95.99%。銀行業小微企業貸款餘額為 30.74 萬億元，較 2013 年末增長 73.1%；為 1521 萬戶小微企業提供貸款服務，較 2013 年末增長 21.7%。2017 年大中型商業銀行對普惠金融客戶取消收費項目 335 個，對 387 個項目實行收費減免。

與此同時，金融機構在農村地區的網點數量也不斷增加。2019 年 4 月 2 日，中國人民銀行發佈的 2018 年農村地區支付業務發展總體情況數據顯示，截至 2018 年末，農村地區擁有縣級行政區 2244 個，鄉級行政區 3.20 萬個，村級行政區 53.14 萬個，農村地區人口數量 9.68 億人。截至 2018 年末，農村地區銀行網點數量 12.66 萬個；每萬人擁有的銀行網點數量為 1.31 個，縣均銀行網點 56.41 個，鄉均銀行網點 3.95 個，村均銀行網點 0.24 個。

在 4G 時代，藉助金融科技，各家銀行也紛紛推出了普惠金融服務產品。比如，建設銀行的普惠金融拳頭產品 "小微快貸"，在其之下已形成 "雲稅貸"、"賬戶雲貸"、"醫保雲貸"、"投標雲貸" 等多個子產品體系，累計為 55 萬戶小微企業提供貸款支持 7100 億元，全面契合小微企業經營特點和成長階段；交通銀行小微企業線上融資平台推出的 "線上優貸通"、"線上稅融通"、"線上抵押貸" 等產品，通過 "線上 + 線下" 金融服務新模式，形成了民營和小微企業貸款申請便捷、審批高效、專業高額的特色優勢；招商銀行成功創建了集線上平台、集中審批、專業隊伍服務於一體的新模式，開發了從申請到放款僅需 60 秒的閃電貸平台，打造了全國獨樹一幟的 "一個中心批全國" 零售信貸工廠集中審批模式，設立了普惠金融服務中心，並覆蓋全國 44 家分行。

以上種種努力都足以表明，銀行金融機構在推進普惠金融上確實費了不少心力，也花了不少代價，如果說銀行機構不重視普惠金融的推廣，或者說銀行金融機構沒有盡心盡力，也有點說不過去，冤枉了銀行金融機構。但必須指出的是，從目前總體狀態看，普惠金融的推廣效果不盡如人意，依然存在不少問題。主要集中在幾個方面：與廣大企業及居民的普惠現實期待還有較大的差距，金融資源仍然主要集中在大中城市，大中城市的金融資源佔據了所有金融資源的 80% 以上；中小微企業 "融資難，融資貴" 的現象依然沒有得到徹底改觀；仍未探索出一個完全適合中國普惠金融發展方式的金融服務體系。

或許有人不理解，上至中央，下至每家銀行金融機構，在推進普惠金融上花費這麼大的力氣，為何效果還不明顯呢？

原因其實很簡單，關鍵在於普惠金融成本過高，中央及各級政府財政投入資金相當有限，金融機構承擔不了這麼大的成本支出，使普惠金融在推廣上的持續性受到影響。比如，在消除金融空白鄉鎮方面，中央政府及金融監管部門的出發點很好，但有很多實際問題如果得不到解決，就使消除金融空白鄉鎮工作整體效果不佳。因為省級政府財力有限，大部分只給予一年的補貼，之後大部分費用就由涉農金融機構如農村信用社或農村商業銀行承擔，而設立在金融空白鄉鎮的網點絕大部分虧損，使農村信用社或農村商業銀行積極性不高，畢竟農村信用社和農村商業銀行是企業，需要有利潤，至少獲得的經營利潤要能夠覆蓋經營成本，否則很難持久推行。據測算，在空白鄉鎮新設一個金融網點，一次性固定投入包括徵地費、規劃費、建管費、通水通電費等 11 項，固定投入在 120 萬元以上，每個網點按 4 名員工，每人每年支出 5 萬元計算，每年需費用 20 萬元。此外，安全保衛、營業稅、網絡費等年需支出有 50 萬元。面對居高不下的成本支出，很多金融空白鄉鎮的網點處於事實上的停擺狀態，有些網點設了之後又不得不撤掉。

當然，導致普惠金融不可持續的根本原因之一，還是金融科技的發展未能跟上廣大民眾的金融服務需求，使他們獲得金融服務的手段不多、方式不靈活、程序煩瑣、環節過多、傳遞效率低、獲得時間長，使普惠金融的普適性、易得性、方便性、快捷性等方面受到較大的制約。而當 5G 運用於金融業發展之後，將使普惠金融的推廣出現前所未有的變化。可以預見，5G 金融時代，普惠金融的推廣速度、發展質量、服務範圍、服務方式、發展方向等方面都將發生巨變。主要體現在以下幾個方面。

一、普惠金融的服務模式將有新突破

目前，中國金融機構在推行普惠金融上，大都以金融機構為依託，實行的是有形的普惠金融運作模式，即通過增加物理網點、投放有形器具，用有形的普惠金融方式，讓民眾能夠看得到、摸得著，效果立竿見影。但是這種方式仍然具有較大的局限，尤其在廣大經濟落後的偏遠農村地區，更是遠遠難以滿足民眾無所不在的金融需求。在實施過程中，金融機構對一定的人群和弱勢企業採取直接降低貸款利率、提高存款利率、設立小額扶貧信貸、免除各種中間業務收費、對因特殊原因形成的貸款損失建立核銷賬準備基金等措施。這些做法雖然在推進普惠金融中發揮了重要作用，但從銀行金融機構作為企業所追求的目標來說，就意味著成本提高、利潤下滑，長遠來看難以持續推行。而當 5G 運用於普惠金融之後，基於萬物互聯及泛在網等功能，使銀行金融機構在普惠金融推行方式上會發生根本變化 ，即從現在的以線下有形普惠金融方式為主，向未來的以線上無形普惠金融方式為主轉變，國家的很多普惠金融政策、普惠金融操作方式等可通過 5G 網絡的低時延等功能快速實現，目前那種最新政策達到最基層有不小的時間差的情況將得到消除。由於很多的普惠金融方式可利用 5G 完成，過去"相互見面式"的環節將向"網絡虛擬式"轉化，大幅節約金融機構的服務成本和用戶的使用成本，使普惠金融的觸角延伸範圍更寬，普惠金融受惠的人群更多。

二、普惠金融的技術手段將有新拓展

4G 時代，得益於移動通信技術，金融機構在普惠金融推廣上的技術手段達到了相當高的水平，服務的觸角延伸到絕大部分農村偏遠地區，部分民眾獲得了實惠，享受到了基本的金融服務，但由於銀行金融機構無法對所有客戶的信息情況進行搜集和分析，所以不能推出適合不同人群的普惠金融產品和服務，推出的產品和服務基本是千篇一律的，特色化和個性化特徵不足，難以適應不同群體的金融需求。尤其是，一些傳統的普惠金融方式老舊，缺乏活力和溫馨的一面，給人一種拒人於千里之外的冰冷感覺。比如，普惠金融中的信貸擔保抵押貸款就是一個很能體現普惠金融溫情一面的信貸方式。試想一下，農村地區的很多人沒有可用於抵押的資產，抵押擔保貸款又如何讓他們感到 "普惠" 二字的溫暖呢？

可喜的是，5G 金融時代，這個問題可以得到很好的解決。銀行金融機構可利用 5G，對轄內企業、家庭、個人的信息進行搜集、儲存、處理、量化及科學定性分析，對普惠金融的服務對象進行準確的信息評級與信用畫像，從而消除仍有幾億農村人口缺乏徵信記錄的尷尬局面，從海量信息中建立符合對方需求的服務方式。尤其是，對那些缺少信貸抵押擔保的人群提供可行的信貸產品，使推動普惠金融的方式更加人性化及和諧化。

三、普惠金融成本將大幅降低

目前，普惠金融未能達到預期目標，就是因為科技手段還不夠先進，銀行金融機構推行普惠金融的成本過高、力度太弱。而在 5G 金融時代，銀行金融機構推行普惠金融成本過高的問題將得到有效緩解。

眾所周知，5G 具有低時延、低功耗及萬物互聯、泛在網等特點，可使銀行金融機構獲取信息的途徑更寬、獲取信息的成本更低、處理信息的能力更強，這些技術優勢將使銀行金融機構推進普惠金融的成本至少下降 60% 以上，因為原先大量的人力、物力和財力成本會因 5G 而節約，無形中極大地降低了普惠金融的服務成本，使銀行金融機構推進普惠金融的流程變得簡單、時間變得迅速、服務範圍得到極大的延伸，其推進普惠金融的積極性和主動性也得到提高。具體表現是：金融機構可藉助 5G，根據普惠金融實際，對普惠金融產品實行海量標準化定製、規模化運作，服務效率大幅提高。當然，批量化不代表不重視個性化需求，相反，對於不同服務對象，更應該把特色化服務放在重要位置，畢竟，普惠金融的實施區域中，小微企業和"三農"領域是重點，服務成本的降低，絕不能以壓縮服務內容和品質作為代價，而是要讓更多的弱勢群體，享受優質高效、成本低廉的產品和服務，享受普惠金融的陽光雨露。

四、普惠金融的參與力量將大大增加

長期以來，中國普惠金融推進工作主要依賴銀行金融機構，各種普惠金融方式、普惠金融服務產品、普惠金融考核方式和考核體系等都由銀行機構拿方案，或者由金融監管部門對銀行金融機構進行考核。比如，2015 年 3 月，銀監會發佈《關於 2015

年小微企業金融服務工作的指導意見》，工作目標由以往單純側重貸款增速和增量的"兩個不低於"調整為"三個不低於"，從增速、戶數、申貸獲得率三個維度更加全面地考查小微企業貸款增長情況。在有效提高貸款增量的基礎上，努力實現小微企業貸款增速不低於各項貸款平均增速，小微企業貸款戶數不低於上年同期戶數，小微企業申貸獲得率不低於上年同期水平。2019 年 1 月，銀保監會發佈了《關於推進農村商業銀行堅守定位　強化治理　提升金融服務能力的意見》（以下簡稱《意見》）。《意見》著重就農村商業銀行的經營進行指導規範，強調促進農商行更好地"回歸縣域法人機構本源、專注支農支小信貸主業"，政府給予一定的財稅優惠政策，比如對中小微企業貸款或涉農貸款減免一定的營業稅，對扶貧貸款進行貼息等措施，但最後的任務都落在銀行金融機構上。

正是由於普惠金融的參與力量少，只憑銀行金融單槍匹馬，效果不太明顯。而造成這種局面，主要是普惠金融在推廣中存在信息不對稱、科學技術落後於普惠金融需求速度與質量等問題，而在 5G 金融時代，政府、銀行金融機構、企業、居民等都能成為普惠金融中的一分子，在一個區域內，各種信息能夠及時交互，這不僅為銀行金融機構推進普惠金融提供了信息技術支撐，更為政府及其職能機構、民間社團力量、個人等共同參與普惠金融提供了可能。未來，普惠金融僅依靠單一銀行機構推進的格局將被打破，將匯集更強大的社會力量，推廣辦法將比現在更多、更可行、更有效。

五、普惠金融的範圍將快速擴大

4G 時代，雖然普惠金融走出了第一步，取得了一定成效，但服務範圍相對較窄，僅限於信貸、存款及結算支付、金融投資等方面，對於民眾更多的普惠金融服務需求依然處於短板狀態。尤其是，在金融市場信息的提供方面比較滯後，無法給民眾提供完整準確的信息服務，不少民眾因為信息閉塞或掌握的信息有限，無法很好地把握生產經營，更無法根據市場需求信息來實現定製化生產，生產經營的效益較低，甚至還有可能造成有限金融資源的浪費，使生產經營無法達到預定的目標，也使普惠金融服務比如金融扶貧的效果大打折扣。比如，一個從事肥料生產的私營企業主，因為地處偏遠山區，對肥料市場的行情和價格波動了解不多，或者說得到的信息是幾個月之前的，當他把從銀行得到的貸款投入生產時，生產出來的產品根本賣不動，或者說處於虧損狀態，那麼銀行的信貸資金就沒法取得很好的成效。如果金融機構能夠為這個私營企業主提供有效的市場動態信息，那麼私營企業主可以隨時調整生產經營的方向，生產的數量也可以變得精準，並減少浪費。

而 5G 金融時代的普惠金融服務，範圍會從資金、結算、投資等有形的供給轉向金融信息、市場經營信息的提供，有效打通普通民眾金融需求信息與金融供給信息、生產經營信息與市場需求信息不對稱的情況，將使普惠金融服務範圍得到快速擴大，全方位釋放普惠金融的巨大潛能。

六、普惠金融的成效將日益凸顯

　　4G 時代普惠金融推廣成效不突出、不明顯，原因是多方面的，其中一大原因在於金融科技的手段受限，無法將預想的一些普惠金融服務方式、產品等推行到位，這不僅讓金融機構在實施普惠金融服務的過程中受到束縛，而且也讓民眾對普惠金融產生了諸多誤解和不滿，對金融機構推廣普惠金融的誠意持懷疑或不信任態度，這對普惠金融的全面推進帶來了不利影響。當 5G 應用於普惠金融領域後，普惠金融的實施效率會得到提高，參與普惠金融的力量增多，監督的力量也將不斷增強，能發現普惠金融服務中的各種問題，不斷加以改進，透明性和公正性將得到體現，民眾對金融機構的態度會發生轉變，對普惠金融推行過程中的抱怨減少，積極配合的意願大大提高。

七、普惠金融的服務體系將不斷完善

　　目前，中國的普惠金融還處於初級階段，一個重要原因是，服務體系不完善，相關配套措施欠缺，而 5G 金融時代的來臨，無疑給普惠金融全方位推進帶來了無限活力和生機。未來，監管部門可通過萬物互聯等技術，重構推進普惠金融的各種保障體系。一是建立有政府部門、金融機構、企業代表和民眾參與的立體監督體系，對推進普惠金融過程中存在的問題、面臨的難點、有待改進的方式等逐步實行社會聽證制度，讓各方的意見得到充分反映，形成更好的解決辦法；二是建立普惠金融社會責任考核體系和量化體系，通過這種體系將參與普惠金融建設各方的責任與權力進行明確的約定，獎罰分明，增強推進普惠金融服務的社會合力；三是可考慮建立嚴密的普惠金融社會宣傳體系，通過各種媒體或渠道向廣大公眾、企業進行宣傳，增強全社會的普惠金融意識，尤其是提高全社會的誠實守信意識，消除金融機構推進普惠金融服務中的擔憂受怕心理，毫無保留地將所有 "力量" 投入普惠金融服務，使普惠金融各種政策措施真正落地生根、開花結果。

八、普惠金融服務產品將有新突破

過去，中國金融機構在普惠金融方面不僅進行了大膽而有效的探索，積累了一定的經驗，還推出了各種普惠金融產品。如針對小微企業、農戶、新型農業生產經營主體等普惠金融重點領域 "短、小、頻、急" 的金融需求，金融機構不斷改進服務方式，打造專屬產品服務體系。同時，通過開設網上銀行、手機銀行拓展銀行普惠金融服務渠道；通過互聯網、大數據等金融科技手段，提供線上信貸服務，提升服務質量和服務效率，湧現出一批依託互聯網、大數據等新技術的創新普惠金融產品，如個人小額消費貸款、電商貸款。此外，通過續貸業務創新、開展供應鏈金融等為廣大客戶提供全流程金融服務；在農村地區為有效消除實施普惠金融的障礙，開展農村承包土地的經營權、農民住房財產權和農村集體經營性建設用地使用權抵押貸款試點，開展林權抵押貸款，開展註冊商標專用權、專利權、著作權等知識產權抵質押貸款，緩解 "缺擔保" 難題。

但是由於受到金融科技水平的限制，這些產品和服務還遠遠不能滿足人們對普惠金融的要求。而 5G 金融時代的到來，將會改變普惠金融服務產品短缺的狀態，使金融機構通過萬物互聯技術獲得轄內所有普惠金融服務需求的信號，極大地拓展金融 "長尾客戶" 的範圍，使絕大多數單個金融需求量不大，但有金融需求的客戶都能得到有效的金融服務，使普惠金融擴面、增量的局面早日到來。同時，5G 可讓民眾通過線上進行理財投資，給人們提供了更寬廣的投資渠道，打破過去投資渠道狹窄的瓶頸，有利居民擴大財產性收入來源，緩解財富縮水之苦。

九、普惠金融中的不良行為將得到有效矯正

過去，普惠金融在推行過程中，還存在部分機構和個人以推行普惠金融之名，行非法牟利之實的亂象，如果偽普惠金融得不到有效遏制，勢必會影響普惠金融發展的速度和社會聲譽。比如，部分互聯網金融機構，打著普惠金融的旗號，為人們提供校園貸、消費貸、現金貸、套路貸等業務，最開始，人們並不能發現存在的問題，總覺得這些渠道解決了很多人無法從正規金融渠道獲

得正常金融服務的需求，殊不知，一些機構幹的並不是真正的普惠金融，而是另有目的，部分人因為參與這些互聯網金融借貸而陷入困境，甚至家破人亡。在 5G 金融時代，監管機構可藉助最新的科技手段，對普惠金融制定更為嚴密的監管機制，對普惠金融所有參與方的金融服務方式、金融服務產品進行有效監督、甄別與判斷，讓一切偽普惠金融原形畢露，淨化普惠金融環境。

總之，5G 普惠時代無論是表現形式、實現渠道，還是廣度和深度，都將發生翻天覆地的變化，它將為中國普惠金融的發展起到巨大的推動作用。與此同時，也要防範普惠金融中的一些問題，比如信息安全問題、隱私保護問題等，均需要有一個統一的規劃，出台並實施相應的制度規範，使普惠金融不斷朝著健康、良性的方向邁進！

5G 金融將帶來全新的投資機會

4G 時代的金融業已給民眾帶來了較多的投資機會，推出了能夠滿足大部分金融消費者需求的產品和理財方式，金融機構及民眾進行金融投資理財的能力也獲得了空前的提高。目前，民眾的投資方式相比過去已經得到大大拓展，如股票投資，已打破了固定場地的局限，只要有網絡信號，只需一部手機或一台手提電腦，就能基本實現移動炒股，這使參與股票投資的投資者數量空前增長，誕生了靠投資股票為生的網絡炒股一族，炒股成了一種新興的金融職業，其中一些技術較高、有一定經濟基礎的人也在投資股票的過程中實現了財務自由，獲得了投資性收入。據 2019 年 4 月 16 日《中國證券報》報道，中國結算公司公佈的 2019 年 3 月投資者情況統計數據顯示，截至 3 月末，滬深兩市投資者數量為 1.51 億，首次突破 1.5 億。其中，2019 年 3 月新增投資者數量為 202.48 萬，環比增長了 103.19%，單月新增投資者數量創下 2017 年 4 月以來的新高。另有權威數據顯示，2018 年 A 股的投資者規模在不斷擴大，已開立 A 股賬戶的自然人投資者數量再創歷史新高，達到 1.45 億。也就是說，對擁有 14 億人口的中國來說，每 10 個人裏就有 1 個人參與了股票市場的交易，可見中國投資股票隊伍的龐大，股民數量早已超過了大多數國家的人口總和。

　　5G 金融除了藉助網絡科技信息技術讓股票投資變得更加方便之外，還給新興金融業態的發展帶來了巨大的契機，從事互聯網金融工作的人員也出現大幅增長，這為一些網絡金融中介組織提供了發展機會，也為大量的民眾用富餘資金進行網絡借貸提供了便利，為民眾在互聯網金融投資方面帶來了新的致富商機。

　　P2P 網絡借款，是近年來國內較為流行的一種藉助移動互聯網技術建立的網絡信貸平台，為民眾提供相關理財行為和金融服務的新模式。鑒於 P2P 平台跑路、暴雷等亂象頻發，監管部門一直在制定出台系列政策，實施嚴厲監管，確保行業得到健康穩定的發展。2015 年底，銀監會會同工信部、公安部、國家互聯網信息辦公室等部門研究起草了《網絡借貸信息中介機構業務活動管理暫行辦法（徵求意見稿）》，確定了網貸行業監管總體原則是以市場自律為主，行政監管為輔。對 P2P 取消了准入門檻監管，轉而實行負面清單管理，明確網貸機構不得吸收公眾存款、不得設立資金池、不得提供擔保或承諾保本保息等十二項禁止性行為。此後幾年，監管部門還陸續出台了一系列政策措施，P2P 網絡借貸行業的發展日趨規範。

最近幾年，中國網絡借貸異常活躍，據行業門戶網站網貸之家 2016 年發佈的數據，2016 年 10 月底高峰時網貸平台多達 4335 家。根據零壹智庫發佈的《2017 年中國 P2P 網貸年度簡報》，截至 2017 年 12 月 31 日，全國 P2P 網貸行業累計交易額保守估計約為 6.07 萬億元，P2P 網貸貸款餘額為 12050 億元，待還利息約 1109 億元，約為本金的 9.2%；2017 年，中國 P2P 網貸行業活躍借款人數估計在 1350 萬左右，同比增加 136%。人均融資額為 20.1 萬元，網貸行業活躍投資人數估計在 1250 萬左右，較 2016 年的 998 萬人增加 25.3%，人均投資額為 21.7 萬元。經過幾年的整頓和規範，P2P 平台數量繼續減少。網貸之家發佈的數據顯示，截至 2019 年 1 月底，P2P 網貸行業正常運營平台數量減少至 1009 家，相比 2018 年 12 月底減少了 16 家。2019 年 1 月沒有新上線平台，這已經是 P2P 網貸行業連續第六個月沒有新平台上線。截至 2019 年 1 月底，累計停業及問題平台達到 5433 家，P2P 網貸行業累計平台數量達到 6442 家（含停業及問題平台）。P2P 這一金融業態的出現不僅為部分有正常資金需求的企業和個人提供了融資機會，填補了傳統金融機構留下的市場空白，也為不少投資者拓寬了投資機會，每年參與互聯網金融平台投資的人數至少有上千萬人，雖然一些平台因為經營不善或其他原因關門跑路，給投資者帶來了一定損失，但也有一些平台讓很多投資者賺取了可觀的財富。

從網絡借貸由野蠻生長回歸到理性的發展進程來看，科技的力量在其中得到了淋漓盡致的體現，但恰恰又因為科技的演化尚未達到更高水平，也讓平台跑路等風險出現。建立在 5G 之上的 5G 金融，不但能給民眾帶來更多有效的投資渠道，極大地拓展社會金融投資渠道和方式，也會大幅降低投資風險，讓投資理財變得更加輕鬆。簡單來說，5G 金融時代必然會給全社會帶來更多的新的投資機會。

一、開闢更多有效投資渠道

由於 5G 金融會催生大量新興金融業態，這些新業態必然會大大增加投資渠道，而投資渠道的增加，必然會帶來大量的投資機會和就業機會。一方面，由於 5G 的萬物互聯功能將所有參與金融活動的交易對象聯結成一張有機的網絡，金融場景越來越多，讓產生信息交互的人都能了解彼此的金融需求與供給信息，增進民眾之間、民眾與企業之間的互信關係，此前因信息不對稱造成的風險大幅降低，使各種金融機構有了更加良好的發展環境，迎來空前的歷史機遇。這種金融機構和組織可以為投資者與資金需求者提供巨量中介撮合服務，它們提供的產品和服務，數量之大、種類之多將是難以想象的。基於 5G，到時可能還會誕生大量的保險服務中介組織，使保險企業研發的保險產品與被保險人的保險需求之間更加匹配。由於 5G 的低時延、低功耗等功能，保險機構和保險消費者之間的信息會更加透明與對稱，騙保等欺詐行為將不會出現，保險業可以真正惠及更多的人群。與此同時，現在的信託、證券、期貨等行業，包括政府債券等會全面搬到線上，不僅可大大豐富民眾的投資渠道，還將吸納大量的就業人員進入金融業，由於人工智能、物聯網等融入 5G 金融，使金融、社交、生活等場景緊密關聯，在這種新的背景下，金融業的外延、功能、發展方向等也將得到擴展。未來，一個人的身份將會是多種多樣的，你可能在證券公司工作，但同時你又是資產評估師、理財分析師、會計師，甚至是室內設計師，而這一切，都得益於 5G 的強大功能，很多工作你無須去現場，萬物互聯會給人們提供兼職機會，讓人們獲得更多收入。

二、研發出更多新的金融產品

4G 時代的金融業產品已經比較豐富了，除了傳統金融機構提供的存貸款產品、保險產品、理財產品，隨著網絡科技的高速發展，金融機構或類金融機構近年來還推出了許多打破人們傳統思維的金融產品。比如，如今大家耳熟能詳和正在被廣泛使用的支付寶、微信支付、餘額寶、眾籌、P2P 等。而在 5G 金融時代，會有更多的金融人才和科技人才加入金融產品的研發、推廣與運用。已經享受金融科技帶來的豐厚利潤的科技巨頭，如阿里巴巴、騰訊、百度等，將繼續投入資源，根據時代發展特點和民眾需求，利用自身技術優勢，獨自或聯合傳統金融機構研發更多的金融產品。與此同時，市場上還將誕生一大批專門為金融業提供技術支撐的科技企業，這些企業本身不賣金融產品和服務，但專注於自身技術優勢，深諳金融機構和民眾的需求，從而將新技術的發展提升至極致，逐步發展壯大，甚至可能誕生更多世界級的金融科技霸主。

對普通民眾來說，他們最為關心的還是獲取金融服務的便利性和投資理財的收益高低。未來，金融機構提供的理財投資產品將是海量的，哪一款產品的歷史業績最好，掛鈎的投資渠道最安全，預期收益最高，民眾均可通過 5G 及時掌握，並結合自身的需求和資金實力、風險偏好來做出正確投資決策。比如，一家金融機構推出了一款理財產品，產品管理人的專業能力、以往業績、掛鈎產品的走勢等信息，將能夠實時更新。而如今股市只有週一至週五每天 4 個小時進行交易的格局可能被打破，甚至可能將不再有節假日的概念，變成一個全年 365 天晝夜不休的市場，投資者可以在任何時間、任何地點參與交易，不再受到人為制度的限制。

三、行業發展方向將出現新變化

經過幾十年的發展，尤其是 4G 時代，中國金融業的發展取得了較大突破，金融業的發展方向出現了三大變化。一是傳統金融業態逐漸陷入萎縮趨勢，新興金融業態拉開了蓬勃發展的序幕。金融業處於正在利用技術手段逐步向新興金融過渡轉型階段，傳統金融業沒有徹底消亡，新興的金融業已然崛起。二是金融服務方式及金融產品不斷由單一化向豐富化轉變，金融業向社會提供的金融服務、金融產品基本能滿足企業及投資者的多種金融需求。三是部分線下固定物理網點業務向線上渠道轉移，消費者獲得金融服務的便利性、快捷性增強。

5G 金融時代，金融業的發展方向將繼續朝著科技化發展，而且更趨智能化，發展的水平相比現在大幅提高。尤其是，通過5G 的全面推廣運用，能使監管部門及時掌握新興金融業態的發展動態，對各類新興金融業態予以認真甄別，對從中篩選出的最具發展潛力、風險最小的新興業態予以扶持，還可以利用大數據技術進行建模，模擬預測新興業態可能帶來的發展機會和潛在風險，再根據預測結果，制定有所區別的行業發展戰略規劃，確定優先支持的金融產業、一般支持的金融產業及限制發展的金融產業，使新興金融產業發展具有層次性。

四、扶持更多的金融科技企業登陸科創板

5G 為 5G 金融的崛興提供了堅實的保障，而 5G 金融的巨大產業需求又會推動 5G 產業的加速發展。也就是說，5G 與 5G 金融是互相促進、共生共存的關係，二者的融合發展，會為社會經濟發展和民眾帶來更加強大的動力和機會。當前，作為中國多層次資本市場體系的一部分，科創板已經投入實質運行，從開設滿月以來的情況看，總體發展勢頭不錯。據券商中國 2019 年 8 月 22 日披露，自科創板成功開市以來，已經成功運行了一個月的時間，科創板的市場表現並未讓投資者失望。截至當時的數據，科創板市場已經成功上市了 28 家新股，上市以來均以大幅上漲的走勢為主。根據上交所 2019 年 8 月 21 日發佈的數據，28 家已上市科創板公司股價全部上漲，較發行價平均漲幅 171%，漲幅中位數為 160%。科創板首月成交額（含盤後固定及大宗）合計 5850 億元，日均 254 億元，佔滬市比重為 13.8%。這樣的表現，使科創板無論對上市的科創企業還是參與科創板投資的投資者來說，都將產生較強的吸引力，為未來更多科創企業上市融資、更多投資者參與科創板投資，以及分享科技企業的發展紅利創造了條件。

最重要的是，在最近幾年股市行情低迷的大背景下，科創板的不俗表現，將會吸引越來越多的資金參與科創板投資，使科創板的人氣更加旺盛。與此同時，資本市場上 5G 及 5G 金融概

念股的價格上漲，將使獲得資本市場直接融資的科技企業加速發展，為擴大社會就業及刺激經濟增長帶來無限潛能。

五、社會兩極分化有望消除，"雙創"將迎來新高潮

過去由於科學技術還不夠先進，"最後一公里"仍然沒有打通，這使中國金融業在資源分配上存在供給與需求信息不對稱的現象，使大型國有壟斷企業等憑藉強大的話語權，能獲得比較豐富的金融資源，而數量龐大的社會弱勢群體，尤其是邊遠地區的企業和民眾在金融資源的獲取上，處於被忽視的尷尬地位，無法分享到金融業發展與改革的成果。這不僅使社會金融資源分配嚴重不均，也拉大了不同經濟地區之間的經濟發展差距，更是在客觀上拉大了社會收入與財富的分配差距，這對全面消除貧富差距、促進社會公平極為不利。

5G 金融時代到來，將會讓金融資源分配在社會經濟發展中發揮更加均等的作用。也就是說，金融業可運用萬物互聯等功能，來發現不同經濟主體之間存在的金融資源分配不均的問題，及時對金融資源進行有針對性的調節，將那些浪費和閒置的金融資源匹配給最需要金融資源扶持的企業和地區。尤其是，近年來"大眾創業、萬眾創新"的春風吹遍大江南北，但一個尷尬的現實是，很多初創企業因為沒有抵押物而拿不到貸款，最終黯然消失，5G 金融時代將讓"雙創"迎來新高潮。

　　更為重要的是，5G 金融能夠實現信息高度透明和對稱，在這種狀態下，可消除各種金融暴利行為，給民眾提供均等的獲得機會、就業機會及財富機會，進而成為消除社會財富兩極分化的"熨燙器"。

第六章

5G 金融時代監管面臨大變局

"一委一行二會"的監管新思維

幾十年來,中國金融監管體制幾經變革,從 1952 年開始,全國金融體系形成大一統的局面,由人民銀行和財政部兩大部門主導全國金融體系。當時,很多金融機構都併入財政部或人民銀行。1969 年,人民銀行也併入財政部,對外只保留了"中國人民銀行"的牌子,各級分支機構也都與當地財政局合併,成立財政金融局。1978 年,人民銀行從財政部獨立出來。但當時的人民銀行作為金融監管機構的央行職能,與經營銀行業務的商業銀行職能仍然是統一的,既行使中央銀行職能,又辦理商業銀行業務;既是實施金融監管的國家機關,又是全面經營銀行業務的國家銀行。

自 1979 年開始,中國的經濟體制改革逐步拉開序幕,工商銀行、農業銀行、中國銀行、建設銀行先後或獨立,或恢復,或設立。1979 年 1 月,為了加強對農村經濟的扶持,恢復了中國農業銀行;同年 3 月,為適應對外開放和國際金融業務發展的新形勢,改革了中國銀行的體制,中國銀行成為國家指定的外匯專業銀行，同時設立了國家外匯管理局。之後，又恢復了國內保險業務，重新建立中國人民保險公司，各地相繼組建信託投資公司和城市信用合作社，出現了金融機構多元化和金融業務多樣化的局面。

尤其是，1984 年工商銀行與人民銀行脫鈎之後，各類銀行的職能基本恢復。1986 年，國務院頒佈《中華人民共和國銀行管理暫行條例》，從法律上明確人民銀行作為中央銀行和金融監管當局的職責，一方面行使貨幣政策調控職責，另一方面也肩負對包括銀行、證券、保險、信託在內的整個中國金融業的監管職責。1984─1991 年，中國的金融監管體制處於混業監管時期，即由人民銀行統一監管所有金融活動。

而近二十多年來，面對金融行業新的變化，中國相繼成立了中國銀行業監督管理委員會、中國證券監督管理委員會、中國保險監督管理委員會，加上中國人民銀行，開創了"一行三會"的監管局面，金融業也進入分業經營狀態。緊接著，《中國銀行業監督管理法》、《中華人民共和國保險法》、《中華人民共和國證券法》陸續頒佈，實現了金融監管的多輪驅動。其中，中國人民銀行負責貨幣政策制度制定，主要負責宏觀審慎監管，大量的微觀審慎監管職能交給了銀監會，基本淡化了一般金融監管職能。銀監會負責銀行業經營監管，保監會負責監督全國保險業經營，證監會負責監管全國證券公司、證交所及上市公司。這種監管體制有一定的合理性，尤其是在一定的歷史時期，這種監管體制基本符合中國國情，對於規範中國的金融秩序，降低和化解金融風險，促進整個金融業的持續、穩定發展發揮了重要作用。同時，分業監管體制有利於加快金融體制改革，有利於金融業盡快做大做強，有利於進一步發揮這種體制的作用，更好地提高監管的效率。此外，分業監管既有利於相關行業做深、做細，又有利於保持部門穩定。

但是，隨著時間的推移，這種分業監管體制的弊端也不斷顯現。一是監管力量分散。銀監會、證監會、保監會 "三足鼎立" 的監管格局，往往使監管出現真空，造成中央銀行貨幣政策作用的空間縮小。二是銀行有效監管的基礎沒有建立起來，缺乏社會聯合防範機制。上級行對下級行缺乏科學有效的激勵和約束機制，導致下級行經營者強化內部控制的激勵不足。同時，作為商業銀行內部控制重要內容的稽核監督體系，隸屬於各級行經營者，沒有有效獨立出來，其監督職能也容易流於形式。三是缺乏一整套系統性的風險預警、處置、緩衝、補救機制。金融監管沒有形成有效的風險監測、評價、預警和防範體系，缺乏早期預警和早期控制，監管信息未能有效利用，風險防範工作忙於事後 "救火"，不利於有效防範化解金融風險。四是基層人民銀行缺乏一套科學嚴密的監管制度和監管方法，監管信息不對稱，由於商業銀行報送的數據可用性較差，人民銀行的非現場監管體系不能發揮應有的作用，監管效率有待於進一步加強。五是監督措施的效能未得到充分發揮。突出表現在，對金融機構違規行為的處罰成本過低，違規處罰執行缺乏嚴屬性，並且當前監管部門對違規行為的處理缺乏有效性。最關鍵的是，這種監管體制缺乏重心，沒有監管主帥和主心骨，進入了事實上的各自為政狀態，從十多年的實際運行效果看，已脫離金融業發展的客觀現實。

而隨著金融混業經營的出現，金融監管的邊界逐漸模糊並被打破，金融監管當局也對金融監管體系、監管模式進行了新的思考。到底選擇哪一種金融監管模式比較適合中國國情，相關部門進行了長時間的探索，而且各種社會金融力量也對監管問題進行了激烈的討論，其中討論的焦點，是中國到底是實施統一監管體制、分業監管體制還是不完全集中監管體制。

統一監管體制就是，只設一個統一的金融監管機構，對金融機構、金融市場以及金融業務進行全面的監管，代表國家有英國、日本、韓國等；分業監管體制則是，由多個金融監管機構共同承擔監管責任，一般銀行業由中央銀行負責監管，證券業由證監會負責監管，保險業由保監會負責監管，各監管機構既分工負責，又協調配合，共同組成金融監管組織體制；不完全監管體制，可以分為“牽頭式”和“雙峰式”兩類監管體制，其中“牽頭式”監管體制，是在分業監管機構之上設置一個牽頭監管機構，負責不同監管機構之間的協調工作，其中代表國家是巴西。“雙峰式”監管體制則是依據金融監管目標設置兩頭監管機構，一類機構專門對金融機構和金融市場進行審慎監管，以控制金融業的系統風險，另一類機構專門對金融機構進行合規性管理和消費者利益的管理。

　　國家層面的爭論、探討及權衡的結果，終於在 2018 年 3 月 13 日國務院向全國人民代表大會提請審議，根據黨的十九屆三中全會審議通過的《深化黨和國家機構改革方案》形成了最後定論：對於金融監管體制改革，將銀監會、保監會的職責整合，組建中國銀行保險監督管理委員會，作為國務院直屬事業單位。將銀監會和保監會擬定銀行業、保險業重要法律法規草案和審慎監管基本制度的職責劃入中國人民銀行，不再保留銀監會和保監會，繼續保留證監會。至此，中國的金融監管體制由原來的“一行三會”精簡為“一行二會”，加上 2017 年 11 月由黨中央、國務院批准組建的國務院金融穩定發展委員會，實際構成了“一委一行二會”的監管格局。

　　很多時候，選擇只有更好，沒有最好。目前，新的金融監管體制仍然存在弊端。一是所有金融監管的最終目標都是圍繞金融機構的經營行為進行的，比如金融機構設立、高管任職資格審核、金融服務方式與金融產品創新等，僅限於宏觀審慎監管與微觀審慎監管兩大領域，央行負責宏觀審慎監管，其他監管機構負責微觀審慎監管，兩大領域之外的監管制度設計依然存在短板。二是金融保險與證券、互聯網金融及其他新興金融業態，除了銀行、保險與證券業方面的監管制度能夠理順和協調，建立合作模式以及共享監管信息之外，其他領域仍然處於監管“割據”狀態，其監管機制、監管力量、監管方式仍然相對分散，難以形成集中統一的監管合力，導致監管與被監管對象之間的大量矛盾難以及時解決。三是金融監管的重心依然放在傳統金融業監管上，對金融科技信息監管涉及較少，對金融科技信息監管領域的相關問題缺乏足夠的重視，跟不上金融科技信息領域的發展形勢，這也使金融市場上各種亂象頻發，不少隱藏著巨大風險的所謂創新產品不斷變換 "馬甲"，以各種新面目出現，給普通民眾造成較大損失。比如現金貸、校園貸等，已成為金融肌體上的 "毒瘤"。

相比以往，目前的金融監管體制已經更趨科學合理，但為何仍存在改進之處呢？原因是多方面的，其中，既有監管機構的理念受到制約的問題，對金融的監管仍未擺脫傳統思維，也有金融監管科技水平不足的問題，比如監管信息的獲取渠道較窄、獲取的時延較長等，因此很難讓各種金融違規違法行為被及時監控和處理。

而 5G 金融時代的來臨，將倒逼金融監管機構針對新情況、新環境，催生監管新思維，努力尋求突破原有監管框架的新方向，擺脫金融監管的各種局限，將金融監管提升到新的更高水平，開創出中國金融監管的新局面，使中國金融監管的效能提升到最佳狀態。具體來說，有如下幾大方面。

一、5G 金融孕育監管新思維

5G 金融充分汲取和運用了 5G 的低時延等功能，可讓金融監管機構突破原有監管信息不靈、信息獲取渠道不暢、監管手段滯後的局限，建立快速應急監管機制、快速應急監管力量、快速應急查處機制，讓所有金融監管行為圍繞快速、準確、及時的監管思路來研究和構建新的監管體制，使監管體制更加適應新形勢下的金融監管實際需求。

而 5G 的泛在網、萬物互聯等技術特點運用於金融監管後，金融監管部門能夠及時準確發現全國各類金融機構的風險，尤其能對金融機構違規經營行為、社會各類非法金融組織的違法行為，有一個比較明確清晰的判斷，極大地增強金融風險監管的前瞻性、及時性和有效性，使金融監管效率得到大幅提升。而且，5G 金融時代，也將促使金融監管部門重塑金融監管體系，現有分地區進行監管的體系有可能被打破，分業監管的模型也有可能被顛覆，金融混業監管作為發展趨勢，或將提前到來。

同時，5G 金融時代，更加先進的科學技術還有可能消除各類金融場景的局限，有利於金融監管機構實行穿透式監管，將所有監管縱向到底、橫向到邊，實現信息的全通暢、無障礙、無盲區監管，將金融風險消滅在萌芽狀態。而圍繞這一變化，金融監管部門可設置一整套完善、科學的監管模型，讓各監管機構的信息真正共享，從而節約監管資源，降低監管成本，實現監管效能的最大化。

此外，5G 全面滲透到金融監管領域，可以使各金融監管機構之間的職能被相互代替或融合，基於科學標準的監管信息計量模型，使監管技能更加成熟，監管能力不斷提升。一家金融監管機構就有可能對所有金融業態實施有效的監管，這對金融監管部

門來說，必須重新對自身角色進行再認識和重新定位。換句話
說，當前的 "一委一行二會" 的監管格局有可能被打破，或者對
現有的龐大監管體系再精簡，設立一個大的金融監管機構，比如
就叫中國金融監管局，或者最多分為中國傳統金融監管局和中國
新興金融監管局，如此一來，可讓監管力量更加高效，大幅降低
國家金融監管成本。

二、5G 金融助力貨幣政策新思維

長期以來，中國央行貨幣政策始終圍繞經濟增長、價格水
平穩定、充分就業、利率穩定、匯率穩定、國際收支平衡等目
標進行，這些都是央行追求或希望達到的最終目標，為達到這一
目標，準確衡量社會經濟生活和市場的貨幣需求量，設定了 M0
（流通中的現金）、M1（狹義貨幣供應量）、M2（廣義貨幣供應
量）、M3（最廣義的貨幣供應量）等貨幣供應量指標，用這些指
標來基本反映現實和潛在購買力、投資與終端市場的活躍程度、
通貨膨脹及資產泡沫風險等狀況，然後根據這些反映市場貨幣供
應的指標來採取適當的貨幣調控措施。

央行為有效調控市場貨幣供應量，通過一般性貨幣政策工
具和選擇性貨幣政策工具保持貨幣幣值穩定，促進經濟增長。
一般性貨幣政策工具包括公開市場操作、存款準備金和再貼現，
選擇性貨幣政策工具包括貸款規模控制、特種存款、對金融企業

窗口指導等。一般性貨幣政策工具多屬於間接調控工具，選擇性
貨幣政策工具多屬於直接調控工具。在過去較長時期，中國貨幣
政策以直接調控為主，即採取信貸規模、現金計劃等工具。1998
年以後，取消了貸款規模控制，主要採取間接貨幣政策工具來調
控貨幣供應總量。現階段，中國的貨幣政策工具主要有公開市場
操作、存款準備金、再貸款與再貼現、常備借貸便利、利率政
策、匯率政策、道義勸告和窗口指導等。

　　雖然央行貨幣政策及其操作工具基本適應中國經濟發展實
際，對促進社會經濟發展、防範通貨膨脹、確保物價基本穩定、
保障人民生活等方面發揮了巨大作用，但貨幣政策也存在一些不
足和先天缺陷。一是貨幣政策目標之間存在一定的衝突，往往為
了一個目標不得不犧牲另一個目標，使貨幣目標難以全面協調地
實現，也在一定程度上抵消了貨幣政策的科學性和合理性。二是
貨幣政策目標及調控節奏過於頻繁，連續性較差，有時圍繞國家
宏觀調控目標，一年內或幾年內貨幣政策方向調整頻次較快，比
如時而穩健寬鬆、時而穩健中性等，使貨幣政策波幅較大，對經
濟的影響也比較明顯。此外，降準、降息也比較頻繁，給實體企
業及民眾的投資理財帶來較大的影響。三是貨幣政策受到行政干
預較多，貨幣政策獨立性不強，這就使貨幣政策操作工具、貨幣
政策操作目標等會出現無所適從的情況，貨幣政策的效力大打折
扣。四是貨幣政策傳導體系不暢通，從央行到商業銀行再到實體
企業，傳遞環節過多，貨幣政策受到的制約因素較多，被截留現

象較突出，導致央行政策傳導效果較差等。

這些問題主要是由於央行在執行貨幣政策時的科技手段不夠先進。雖然央行制定貨幣政策及操作政策工具的水平越來越高，依據的信息也越來越真實準確，但由於金融市場動態信息之間的時間間隔、時效反應等方面存在不足，對市場貨幣動態、貨幣吸納能力等方面的了解往往都要滯後半拍，這就會在客觀上導致央行貨幣政策難以跟上社會經濟發展及市場的需求，貨幣政策會有滯後於市場實際的情況。而在 5G 金融時代，最新的移動通信技術可以讓央行對金融市場動態做到適時把握，在制定貨幣政策時能夠遊刃有餘，特別是 5G 的低時延、低功耗特點，能讓央行迅速捕捉到經濟運行過程中的一切微小問題，做到見微知著、未雨綢繆，從而大大提高貨幣政策的前瞻性，及時修正貨幣政策的不足，使貨幣政策能隨時跟上社會經濟金融發展的現實需求。同時，5G 的萬物互聯及泛在網特徵，使央行獲取貨幣政策的信息範圍大大拓寬，能從海量的金融市場信息中捕捉到有價值的信息，並充分利用這些信息，制定出最有效的貨幣政策。

具體來看，將 5G 全面運用到央行貨幣政策制定與實施之中，可能會出現如下變化。

1. 央行對貨幣政策的監管變得更高效

通過 5G 的預估和精準測算，能夠知道市場需要的貨幣流通量，做到準確按量投放，避免出現貨幣超發，保持貨幣政策的連續性，保證社會物價水平的基本穩定，避免通貨膨脹，使央行貨幣政策實施目標得以科學體現。

2. 央行在貨幣政策的操作上變得更精準

運用最新的技術手段，央行可對貨幣政策操作的時間節點準確把握，消除貨幣政策的執行時滯，精準把握節奏和力度，相當於精準滴灌，有利於支持實體經濟發展。

3. 央行在政策工具選擇上變得更簡單

5G 金融時代，之前的短期貨幣政策操作工具、中長期貨幣政策操作工具都有可能消失，歸併為一種貨幣政策操作工具。而且，貨幣政策的時空差也將消除，貨幣政策能在全國各地同時發揮效能，消除地區之間的巨大差異。

4. 央行可能將加速推動發行數字貨幣

數字貨幣是一種趨勢，未來，央行可能藉助 5G 加速推動發行數字貨幣，並將數字貨幣推廣運用到生活的各個層面，讓其取代實物貨幣。

三、5G 金融催生風險控制新思維

長久以來，中國金融監管部門在風險控制上無論制定多麼嚴厲的機制，在實踐過程中，也往往是事後處置的多，對金融風險事先發現並提前處置的少。此後，金融風險控制關口雖然在不少地方做到了前移，但更多只是一種形式，受限於金融科技手段不夠或信息不對稱等問題，使金融監管部門難以對金融機構的風險做出比較準確的判斷或處置，尤其未能將風險消滅在萌芽狀態，使很多金融風險不斷累積，最終爆發。

我們還應看到，在風險防範上，過去依靠金融行政手段處置的居多。比如，2018 年 2 月保監會對安邦保險公司的接管，2019 年 5 月央行和銀保監會對包商銀行的接管等。尤其是，在處置金融風險中，對各級政府的依賴較大，用市場方式化解的少，這就使得在風險處置上政府或金融監管機構承擔了較大的風險損失，有些損失本來應該由市場來承擔，最後都轉嫁到了金融監管部門或各級政府身上。正因如此，在金融風險處置時，監管部門容易投鼠忌器，未能做到主動、及時，延誤了最佳處置時機，使一些風險慢慢集聚，最終一發不可收拾。

之所以出現這些老大難問題，主要是金融監管部門或各級政府在金融風險處置過程中，可以依靠的金融科技手段有限，使得發現金融風險的能力不高或敏感度不高。而隨著 5G 金融時代來臨，5G 將全面運用於金融風險控制領域，既可使金融監管部門運用 5G 的技術特點建立起科學靈敏的風險預測及控制模型，做到對金融風險的動態、金融風險的強弱、金融風險的爆發時間等進行準確定位和定性，然後採取切實有效的措施，實現精確監管，節約監管成本，提高監管效率。

可以預見，在 5G 金融時代，金融機構與科技公司的邊界將越來越模糊，提供金融產品或服務的公司，既可以是金融機構也可以是科技公司，或者兩者兼而有之。而且，兩者的身份還有可能隨時轉換，這就要求金融監管的包容性更高，監管制度更靈活、更科學、更精確，監管的效果才會更有效。

四、5G 金融倒逼科技投入新思維

5G 金融時代，金融監管部門將會更加重視利用最新的科技手段進行監管。此前，監管效果不盡如人意，比如互聯網金融出現亂象，就與央行、銀監部門的金融科技水平跟不上有關。金融監管手段處於落後地位的結果，就是很容易出現 "一放就亂、一管就死" 的怪圈。

由此可見，央行及其他金融監管部門要徹底解決上述問題，最有效的手段就是革新思維，不斷加大金融科技的投入力度，加強科技手段防範金融風險的能力，充分發揮金融科技在防範金融風險中的作用。對此，監管部門已經展開行動。2019 年 8 月 22 日，央行就發佈了《金融科技（FinTech）發展規劃（2019—2021 年）》（以下簡稱《規劃》），該《規劃》共包括 27 項主要任務，從金融科技發展形式、發展目標、重點任務、保障措施等方面對金融科技發展的緊迫性、重要性進行了全面闡述。

　　央行此時發佈《規劃》，具有較強的針對性和緊迫性，是順應 5G 時代金融業發展的明智選擇。因為隨著 5G 金融時代來臨，金融業將發生全方位的深刻變革，換句話說，4G 時代的金融服務模式、金融發展理念、金融發展方式等都將發生深刻變化，甚至是顛覆性的革新。在這樣一場大變革來臨之際，央行此舉堪稱未雨綢繆，將對金融業帶來積極影響。

　　目前，中國金融創新開展得如火如荼，也為金融業的蓬勃發展、金融服務的多樣性等提供了廣闊的發展前景，相關企業和普通民眾也得以享受實實在在的普惠金融服務。值得一提的是，金融業的快速發展，也使金融業務的邊界越來越模糊，金融風險的傳導突破了行業和時空限制，給貨幣政策制定、金融監管、金融市場穩定等方面帶來新挑戰。尤其是中國金融科技發展不平衡、不充分的問題依然存在，頂層設計和統籌規劃仍存缺陷，各類金融機構及其他市場主體在科技創新、人才隊伍、機制建設等方面相對失衡，產業基礎薄弱，引領全球發展潮流的技術和產品還不多，適應最新科技發展要求的基礎設施、政策法規、標準體系等亟待健全，所有這些，都需要央行發佈的《規劃》加以完善。

　　更重要的是，隨著中國金融業對外開放不斷擴大，中國金融機構與外國金融機構同台競爭的力度將越來越激烈，無論是從效率方面還是安全性方面考慮，我們的金融業只有按照央行發佈的《規劃》進行提早佈局，加大研發投入，明確發展重點，建立可靠的保障措施，才能在 5G 金融時代成功搶佔金融科技的制高點，贏得新的更大的勝利。

可以說，《規劃》的發佈，體現出在新時代背景下，央行對用科技手段防範金融風險的高度認可，《規劃》將讓金融監管部門和金融機構把掌握最新金融科技放在更加重要的位置，這將對未來防範和化解金融風險起到重要作用。

五、5G 金融培育社會金融監管新思維

此前，中國金融監管的效能發揮不突出、不明顯，一個重要原因就是社會監管的協同性差，金融監管的視角基本局限於金融監管機構本身，即便意識到社會協同監管的作用，但在體制機制建設上仍然較為滯後，或者較為保守。很多金融監管的事情不敢交給社會機構去做，這就使很多地方監管機構在金融監管上只能單打獨鬥，但其力量單薄、信息閉塞、反應遲鈍，導致 "馬後炮" 現象較為突出，帶來的後果是，監管部門忙前忙後，卻顯得力不從心，或者消耗了大量人力物力，效果卻不盡人意。

出現這種現象也不能全怪罪於金融監管機構，因為監管機構的確費盡了心力，監管機制也在不斷完善，只是因為受限於監管信息不夠通暢，導致監管信息不對稱，才使金融監管經常陷入被動而不是主動局面。而在 5G 金融時代，5G 的萬物互聯和泛在網技術特點，將全國所有構成經濟活動的相關因素建成一個網絡，使各構成因素（經濟部門或個人）都能充分發揮金融監管角

色的功能，每個經濟組成單位都可以實施監管，金融監管部門可將每個經濟單位組織聯合起來，建立一個綿密而高效的社會立體金融監管網絡，在這個體系內，大至監管機構、小至普通居民，都可以為金融監管事業發揮出自己應有的作用。

　　為此，央行及其他金融監管部門可因勢利導，有效發揮引導和融合功能，把社會金融監管放在更加重要的位置，建立起相互協同的監管信息交流平台，消除金融監管真空，讓一切金融違規違法行為沒有任何生存的土壤，最終有效淨化社會金融發展環境，建立健康有序的金融生態。

六、5G 金融構建反洗錢機制新思維

　　歷經多年努力，央行與公安部門在反洗錢方面取得了較大的成效，發揮了打擊走私販毒集團或有組織洗錢犯罪的屏障功能，為維護中國金融業穩定、避免國家及居民財產損失等方面發揮了重要作用。但我們也要看到，目前反洗錢領域的問題依然較多。比如，地下錢莊通過非法買賣外匯、設立 "三無" 公司等各種途徑從事跨境匯款、資金支付結算業務等違法犯罪活動，逃避反洗錢監管，將國內大量的 "犯罪所得" 轉移到國外，並且金額巨大。2015 年 11 月，浙江金華警方破獲一起公安部督辦的特大地下錢莊案，4100 多億元資金通過該地下錢莊轉移至境外。這是迄今為止涉案人數最多、涉案金額最大的一起匯兌型地下錢莊

案件，也是中國首例通過 NRA（非居民賬戶）實施資金非法跨境轉移的新型地下錢莊案件。由此可見，央行及公安部門面臨的反洗錢任務繁重，並且壓力大、挑戰多。

　　未來，當 5G 運用於反洗錢領域之後，可建立起科學的反洗錢合作模式與框架，使央行等監管部門不斷圍繞 "監管新模式，執法新挑戰"、"跨域跨界反洗錢合規與動態均衡"、"KYC（客戶身份辨認）UBO（最終受益者）與反洗錢穿透技術"、"反洗錢協作與信息安全" 等要求和技術，完善反洗錢制度的靈敏度，使其更具針對性和可操作性。

　　同時，還可通過 5G 的萬物互聯特點，將相關知識發送到各個終端，普通民眾可隨時獲取這些知識，從而大幅提高全民反洗錢意識，杜絕洗錢犯罪組織的生存空間。5G 金融時代，還可以利用技術手段對所有社會資金去向進行準確監測，對可疑的、有問題的跨境資金移動進行及時制止或凍結，避免資金轉移到國外。而且，還可以讓央行與金融機構之間、不同金融機構之間的金融信息高度透明對稱，形成更為強大的反洗錢安全網絡。

　　值得一提的是，5G 還可促進與其他國家及政府間國際金融組織的緊密合作，突破國與國之間的時空限制，建立起全球範圍內的反洗錢聯盟，從而對跨境資金轉移或異動進行有效監控。

　　此外，5G 的大面積運用，也有利於堵塞企業和個人徵信信息漏洞，構建起更加安全完備的徵信網絡，為中國進入信用化社會奠定堅實的基礎。

地方政府的監管新角色

在較長時期內，中國地方政府在金融監管上是沒有參與權、發言權與處置權的“旁觀者”，金融監管的所有權力都集中在中央政府的金融監管部門手裏，比如央行曾行使著大一統的金融監管生殺大權，由於集貨幣政策制定與金融監管大權於一身，央行成了兼具“運動員”與“裁判員”雙重身份的混合體，這對央行來說是一個沉重的負擔，不僅自身的貨幣政策職能難以得到很好的發揮，也使金融監管的效能很難實施到位。更令人擔憂的是，對金融機構違規違法經營的懲處不力，因為金融機構的“婆婆”是央行，“公公”也是央行，央行不看僧面看佛面，手心手背都是肉，往往是執法的鞭子高高舉起，輕輕落下，這無疑助長了金融機構違法違規的思維慣性，使金融秩序難以從根本上扭轉，金融風險也不斷累積。這也是中國金融秩序一直難以“風清氣正”的症源之一。

最令人糾結的是，過去，由於地方政府在防範金融風險中不用擔責，也使金融機構無法擺脫地方政府的行政干預。在銀行信貸投入上，地方政府往往憑藉自身的行政權力及特殊的話語權，讓銀行等金融機構按照地方政府的意志來投放貸款，使大量的信貸資金配置到政績工程、形象工程及一些效益低、資源消耗大、營運風險高的產業項目上，導致中國高投入、高能耗、高污染、低效益的“三高一低”企業難以禁絕，佔據了大量的金融資源，形成了大量的不良貸款，而真正需要支持的企業卻難以得到信貸支持，客觀上降低了信貸資金的使用效能。同時，行政干預金融業經營、不顧金融風險的結果，是製造出大量的"僵屍企業"，加劇了中國供給側結構性改革的壓力和難度。

基於此，中央政府決定將部分金融監管的權力下放給地方政府，實行地方政府在金融監管上的事權與責任相匹配，增強地方政府對金融監管與金融風險防範的使命感與憂患感。同時，此舉可織成由中央金融監管機構"條條"與地方政府金融監管機構"塊塊"有機結合的"兩張大網"，讓所有金融違規違法行為再也沒有漏洞可鑽，從而讓金融市場亂象無處遁形。在這種背景下，21 世紀初，中國各省市地方政府金融辦的設立及其職能的不斷擴充，凸顯了各級政府對發展金融業的重視，也體現出金融辦在引導和促進地方金融業發展上的必要性。地方金融辦公室是代表地方政府負責金融監督、協調、服務的辦事機構，負責審批典當、貸款擔保公司、小額貸款公司等職能，在過去的二十多年，地方金融辦公室在維持地方金融穩定、加強金融監管上發揮了重要作用。

不過，在歷史發展過程中，由於地方金融辦公室存在重批設、輕監管及監管力量不足、監管專業水平不高等問題，中央決定對地方金融辦公室進行改革。2017 年之後，各省（市）將地方金融辦公室升級為地方金融監管局，雖然級別未變，但地方政府賦予其的職能比原來大得多，監管權力也得到加強。

為防止出現地方金融監管局與中央監管機構之間形成不必要的權力摩擦、監管推諉或監管"掐架"等亂象，中央政府專門規定強化中央統籌，將地方金融監管部門納入監管構成單位，加強監管指導，推進統一規則建設。在條件成熟的情況下，對地方金融監管機構予以立法確定，明確其職責定位，並明確規定地方政府從功能監管入手，以行為監管為主，營造公平、透明及有序的金融市場環境，並保護金融消費者合法權益。

5G 金融時代的到來，不但會改變傳統金融的業務運作曲線，顛覆傳統金融業的發展模式，也將對金融監管帶來全新的衝擊，重塑地方金融監管生態，地方政府在金融監管中，將扮演新角色，開啟地方政府金融監管的新格局。

具體說來，5G 金融時代，地方政府在金融監管方面將發生以下六個方面的影響和改變。

一、複雜的監管工作將變得相對簡單

4G 時代，地方政府在金融監管方面，人力監管與信息監管各佔一半，因為監管對象多、涉及的範圍寬、鏈接延伸長，使地方政府容易陷入手忙腳亂之中。而且，這種監管模式還抓不到要害，有些地方政府面對金融亂象感到束手無策，加上缺乏整體思維，有時只能"頭痛醫頭、腳痛醫腳"，無法對存在的問題進行全面會診，對症下藥開出有效的藥方。尤其是，在對非法集資、金融詐騙、高利貸、典當行、互聯網金融等方面的監管上，經常是事倍功半，雖然費時費力，但收效甚微，有些甚至無濟於事，使社會金融秩序未能從根本上得到改觀。

當 5G 的泛在網、萬物互聯等功能運用於金融監管之後，使一個地方的區域金融動態通過監管信息控制中心，將海量的金融監管信息彙集到一起，然後通過大數據技術分析，將有價值的信息抓取，並將這些信息按主次輕重進行分類，為監管當局或監管人員提供及時、準確、客觀的信息或監管思路，以便採取有針對性的監管措施。比如，利用 5G 組成一張完善、嚴密、靈敏的監管信息 "蜘蛛網"，轄內某互聯網金融平台一旦出現高管挪用資金，有向境外轉移資產的跡象時，這些信息網能夠通過這張監管網絡隨時傳遞給監管信息控制中心，給監管部門或監管人員提供監管預警信號，然後監管人員迅速約談該平台高管，鎖定或凍結其銀行賬戶，從而化解潛在風險。這種建立在 5G 基礎上的監管手段，一方面，可大大提高地方政府的金融監管效能，扭轉過去 "眉毛鬍子一把抓" 的做法，向有所為、有所不為的角色轉換；另一方面，還可以為地方政府減壓，將監管部門從原來繁重的 "人海戰術" 中解脫出來，不必到處救火，日常監管工作也變得相對簡單。

二、監管效率由低效變得高效

4G 時代，地方政府的金融監管雖然開始由單一信息搜集向監管網絡數字化轉變，也有了非現場的報表信息監管系統，減少了煩瑣的現場 "體力" 式監管，較大部分實現了 "腦力" 式監管，與之前相比已經向前躍進了一大步，但受技術手段和監管理念、體制等因素的影響，金融監管還有很多值得改進的地方，監管效率低下的問題仍未能得到徹底解決，金融亂象依然存在。

5G 金融時代，監管效率低下的癥結將迎刃而解，解決問題的利器，就是 5G 的高速度、低時延特徵。在 4G 時代及更早時期，當金融機構及其他組織或個人出現金融違規違法行為時，需要有人舉報，或者現場檢查發現問題，然後通過書面報告或內部網絡的形式傳遞給地方金融監管機構，由於步驟繁多、流程複雜，加上 4G 通信技術速度的局限，地方政府金融監管機構很難做出及時、準確和客觀的判斷，這就需要監管部門的人去現場搜證、調查和問詢，來來回回的結果，費時較長，而處置鏈條過多過長的結果，自然使監管效能低下。而隨著 5G 金融時代的來臨，金融違法違規的信息通過 5G 的高速度，能第一時間反饋給金融監管機構，使監管機構能做出快速處置。

由此，地方政府在金融監管中的角色將由原來的被動式的事後監管向主動式的事後監管轉變，從而改變"按下葫蘆浮起瓢"的局面，提高民眾對地方政府金融監管的信心和信任，提高地方政府的監管權威，樹立地方政府在金融監管上的良好形象。同時，監管效率的大幅提高，將有力維護轄內金融秩序的穩定，助推地方經濟發展。

三、監管成本變得更低

此前，地方政府監管部門由於監管信息搜集渠道相對狹窄，獲取信息的手段落後，所以對違法違規行為的反應較慢。目前，針對金融違規違法行為，雖然不少地方政府金融監管部門已經可以通過網絡舉報等方式獲得，但更多的還是依賴人為主觀舉報的方式，過程為 "舉報人舉報—監管部門受理—監管部門現場查證—監管部門依法處罰"。這個監管過程有一個很大的時滯空間，這個時滯空間給金融監管帶來了不小的難度，相關涉案人員可以利用這個時滯轉移、銷毀違規違法證據，或者相關涉案人員已經逃離了 "作案" 現場。因為處罰不及時，就帶來了兩個問題，一是違法成本較低，會刺激或 "鼓勵" 相關人員對法律缺失敬畏之心；二是各種監管成本太高，比如，一些大案要案，不但取證曠日持久，動輒花費幾個月甚至幾年，還需要派出大量人力跨區域進行調查。

而在 5G 金融時代，金融監管部門依靠無處不在的感應器，能隨時獲取企業的經營信息，包括財務是否健康、銀行賬戶資金出入是否正常等，通過最新的 5G 技術，不必再通過人工寫信或電話舉報的途徑來獲得監管信息，而且利用新的技術手段獲得信息的時間比 4G 時代更快、更準確、更全面，這可以在很大程度上節約地方金融監管部門的有限資源，包括減少大量的人力去現場查證，從而節約大量的監管成本，地方政府可騰挪出大量的人、財、物去構建和完善更有效的監管體系。屆時，地方政府金融監管的部門設置及人員還可以大量減少，比如，現在一個縣級金融辦的編制是 10 人，5G 金融時代，其編制可大幅縮減至三四人，其中，一個人擔任部門負責人，一個人負責統籌領導工作，其他幾個人負責監控縣域內的所有金融動態，一旦發現有風險苗頭，及時報告部門負責人，並啟動預警，同時將預警信息上傳到全行業系統的大數據庫，便於上一級和中央相關部門第一時間掌握情況，並做出應對措施，將風險提前消滅在萌芽狀態。

四、由單獨演奏轉向群體演奏

過去幾十年，中國在金融監管上實行"條條"與"塊塊""兩張皮"相結合的監管辦法，重點強化了地方政府屬地監管原則，中央監管部門對地方金融監管組織負有一定的協調與指導責任。兩者在總體的利益上是一致的，都是為了管好金融秩序，確保國家金融市場的穩定。但是兩者在很多地方也存在矛盾，比如在執行中央政府金融監管政策上，中央監管部門在履行監管職能時，雖然不可避免地受到來自地方政府的壓力，但監管執法比較徹底、懲罰比較嚴厲。而地方政府為了地方局部利益，在執法上有所選擇，對一些與地方政府利益休戚相關的問題，往往是蜻蜓點水、淺嘗輒止，甚至不乏打馬虎眼和"同流合污"現象的存在，這大大抵消了中央金融政策效能的發揮，也使一些金融市場亂象久治不癒，成為頑症。

伴隨著 5G 金融時代來臨，基於增強移動寬帶、大規模物聯網以及超高、可靠、低時延通信這三大 5G 場景，可建立一個比較完整的"監管沙盒"，通過這個沙盒可對轄區內金融機構或金融組織的經營行為進行全面有效的監管，建立起一個有效的框架。而且，這種監管沙盒一旦建立，能有效整合中央"條條"和地方"塊塊"的監管信息資源，使中央政府與地方政府織起一張巨大的金融監管物聯網絡，在這張監管網絡上，可實現金融監管的互聯互動與相互監督。如此一來，在金融監管信息共享的過程中，沒有死角，不存在秘密，中央監管部門與地方政府監管部門各司其職，通力合作，對於雙方監管執行不力的地方都能及時發現並給出提醒，使得權力尋租空間被大大壓縮，實現金融監管全過程的"透明化"。

同時，通過 5G 還可實現中央與地方政府之間的監管目標協同，甚至雙方經過協商，可以將金融監管業務全部或部分委託給第三方機構，因為第三方機構可能擁有更先進的技術手段，對 5G 金融的掌握和熟練程度更優於中央政府監管部門和地方政府，在執行監管政策時將會更加超脫，中央政府監管部門和地方政府只需負責制定相關的監管規則即可，地方政府也可以擺脫過去在金融監管過程中孤軍奮戰的格局，從而提高金融監管的機動性、靈活性。

最為重要的是，5G 金融時代的到來，還可以構建起社會立體金融監管體系。過去，很多有識之士曾反覆討論研究如何建立社會立體金融監管體系，但受到信息技術不夠發達的掣肘，這一構想推進緩慢。未來，可藉助 5G，將政府部門、社會自律組織、企業或個人都納入這一體系，利用各自專業優勢和信息優勢，對轄區範圍的金融違規違法行為進行有效監督，讓金融市場的種種亂象永遠失去生存的土壤。

五、由各自為政轉向統一標準

目前，不少民眾對金融監管總體滿意度不高，銀行機構亂收費、保險機構忽悠險民、上市公司造假、非法集資、高利貸等屢禁不止，讓人深惡痛絕。這些亂象之所以始終難以絕跡，主要在於各地政府缺乏有效的信息溝通渠道，處罰標準寬嚴不一，處罰力度強弱不同，加之總是強調各地情況不同，以及各地監管信息相對封閉等因素，使得各地政府監管總體處於各自為政、各自為戰的狀態，甚至還存在人為設置障礙，這不僅導致中央金融政策在不同地方的監管成效打折，也容易在一些地方埋下隱患。

未來，可以將區塊鏈技術運用於 5G 金融之中，在全國各地形成一個有效的金融監管網絡，監管標準、處罰力度完全統一，不搞特殊化和區別對待，每位監管者做出的監管信息都會被記載，整個監管網絡的人都能看到其他人做出的措施是否準確。而且不同地方政府給出的金融監管處罰結果，都可以成為其他地方政府金融監管部門的依據或參考標準，這樣必然會帶動處罰結果趨於一致。一旦某個地方政府監管部門的處罰結果有失公允，其他地方政府監管部門都能看到，上級政府部門也能及時發現問題，對做出不合理處罰結果的部門或人進行糾正或問責，從而使每一條處罰結果趨於公平、科學和合理。

5G 將成為解決中央與地方，各地方政府之間金融監管執行標準不統一、處罰力度不一致的有效手段。屆時，隨著 5G 金融日趨成熟，各地的金融監管將有統一的實施標準，尺度不同、互相扯皮推諉的現象將得到有效遏制。

六、身份將由模糊轉向合規

目前，儘管各地成立了地方金融工作辦公室或地方金融監管局，並且職能也有所轉化，功能得到了加強，但專業素質、思維理念、監管行為等並沒有得到多大的改觀，原因主要有幾點：一是開始爭權奪利。沒有金融監管權力的時候，地方政府對地方金融風險不太上心，只要沒有發生引起上級震動的重大金融風險事件，借口自己沒有參與監管，"事不關己，高高掛起"，能掩蓋就掩蓋，能拖就拖，以至於讓金融監管的效能打折。二是重機構批設，輕機構監管。有了監管權力後，監管濫權、監管不作為、監管亂作為的事情增多。有的人迷戀監管權威，有利益的地方爭著要監管權，沒有利益的地方相互推諉的現象突出。最主要的表現就是重監管審批權，輕日常監管，留下了不少監管空白，監管源頭沒有把好關，不少不符合資質的金融組織或個人進入金融行業，導致地方金融市場魚龍混雜，為金融市場埋下了隱患。三是重金融機構數量規模擴張，輕金融機構質量提高和風險監管。出於政績心理和過度追求監管權力，把金融監管的重心放在金融機構的審批上，使地方金融機構數量擴張迅速，典當行、小額貸款公司、貸款擔保公司及其他金融組織如果雨後春筍般湧現。但由於相應監管機制不健全、不完善，監管力量不到位，使得不少由地方政府審批的金融機構質量不高，打擦邊球的違規違法經營現象不少，雖然使得地方金融機構的經營規模得到了擴張，但卻以潛在的金融風險為代價。

而 5G 的廣泛運用，將使地方政府在金融監管方面變得簡單高效，過去那種依靠行政權獲得的局部地方利益將大大減少。特別是，隨著金融監管趨於規範化、程式化、科學化、智能化和透明化，將使地方政府原有的模糊的監管身份變得更加清晰，原有的監管灰色利益邊界將不復存在，之前過度追求監管權的做法將變得毫無意義。

5G 金融時代的風險防控

進入 5G 金融時代之前，儘管金融監管部門以及金融機構不斷夯實監管機制和金融風險防範體系，也為防控金融風險做了大量卓有成效的工作，建立了專門的風險防範部門，但風險防範仍存在不少問題。目前，中國的金融風險防控機制及其體系的重心，基本著力於傳統的存貸款、結算、資金運用等業務風險的防範，力圖通過對傳統金融業務的監管，達到防範發生局部或系統性金融風險的目標。

但現實依然難遂人願，目前中國金融業受到內外部經濟因素的影響。從外部來看，世界經濟增長疲軟及全球進入新一輪量化寬鬆週期，加之中美貿易摩擦仍在進行，給中國企業的生存發展帶來了較大的負面影響。從內部看，實體企業"融資難，融資貴"問題始終沒有破局，經營壓力較大，這些情況反映到金融業身上，就是銀行不良貸款上升，商業保險理賠案件也不斷增多；在資本市場上，由於經濟低迷及資本市場基礎制度建設任重道遠，造假亂象難以根絕，導致資本市場一直萎靡不振；社會上金融方面的問題也是層出不窮，雖然經過近兩年的清理整頓，目前P2P 平台數量大幅減少，但風險隱患依然較大，暴雷事件頻頻發生；此外，近年來非法集資、金融詐騙等惡性事件仍時有發生，不僅讓民眾損失巨大，也影響了社會安定局面。

一般來說，中國金融業風險主要有市場風險、信用風險、流動性及經營管理的風險等，具體主要表現在以下三個方面。

一是高槓桿風險。主要原因是貨幣供應量快速增長導致政府債務、企業債務及居民債務高槓桿，成為金融業風險的最大隱患。據《經濟參考報》2019 年 3 月 20 日報道，2018 年，包括居民部門、非金融企業部門和政府部門的實體經濟槓桿率由 2017 年的 244.0% 下降到 243.7%，下降了 0.3 個百分點。2008—2016 年是中國快速加槓桿的時期，這 8 年間槓桿率共上升 99 個百分點，平均每年上升超過 12 個百分點。2017 年是去槓桿富有成效的開端，槓桿率增速有所放緩，全年微升了 3.8 個百分點。2018 年槓桿率得到進一步控制，相比 2017 年末已有所下降。但這個槓桿率相對經濟發達國家來說，屬於高水平了，尤其是非金融企業槓桿率較高，隱藏著較大的金融風險隱患。

二是金融業跨行業、跨市場、跨區域的交叉傳染風險比較突出。當前，金融產品創新如火如荼，催生出大量設計複雜、關聯性較高的金融產品。比如，一些理財產品，雖然由銀行發行，但有可能關聯到保險及證券等方面的運作，這種金融產品已不再是獨立的、孤立的，交叉性和跨市場特徵更加突出，這會導致資金跨市場、跨機構、跨產品體系、跨地域流動，有可能產生期限錯配、流動性轉換、信用轉換及槓桿層層疊加等潛在風險，並使風險由單體機構、單個產品向其他系統擴大、發散、傳染，甚至引發系統性風險。最為明顯的例子是，信用違約風險有可能在政府融資平台、房地產開發企業等之間傳染，並導致參與主體權責關係不清，一旦監管不到位，很容易誘發嚴重的金融風險。

三是金融機構自身風險較為突出。在銀保監會掀起金融監管風暴之前，部分金融機構熱衷於通道、同業、交易類業務，脫離真實需求，進行所謂自我創新和體內循環，集聚了金融泡沫，埋下隱患。比如，銀行業不良貸款風險大幅上升，導致資本消耗加大和撥備覆蓋率降低，使銀行機構本身存在金融風險；各類金融控股公司快速發展，部分企業熱衷投資金融業；部分互聯網企業以"普惠金融"為名，行"龐氏騙局"之實；在證券市場上，股票質押規模和比例近幾年不斷攀升，給金融機構帶來了潛在風險。

要徹底解決這些金融風險，僅靠金融監管機構現有的機制和體系，恐怕很難遂願，必須依靠高科技手段。將最新的移動通信技術全面引入金融業之後，才有可能克服金融監管及風險防範上的致命缺陷，實現對金融業風險的全面掌控，將絕大部分的金融風險提前化解。

而 5G 金融時代的來臨，將為金融監管帶來福音，將在金融風險防範理念、金融風險防範能力、金融風險防範機制、金融風險防範方向等方面產生深刻的影響，並推動金融風險防範的全面變革。

對於眼下的金融業來說，5G 金融就像一個妙齡少女，金融機構不僅想一睹芳容，更想擁抱和親吻她，甚至每一個人都想將這位美人娶回家，成為自己的"新娘"。

然而，漂亮、美麗的容顏只是表面，雖然 5G 金融給金融機構的第一印象非常不錯，但"她"到底是否如人們想象的那麼美好呢？"她"的性情金融機構是否都能摸透呢？這是擺在人們面前的一個大問題。

　　同時，我們必須清楚，凡事都有兩面性，漂亮美麗的容顏背後，可能也有桀驁不馴的一面。因此，要讓 5G 金融這位美麗的少女成為金融機構可以信賴的"內當家"，讓其真正成為金融機構的"賢妻良母"，金融監管部門及金融機構還得對其進行正面引導，讓其擁有良好的"思想品質"和正確的"三觀"，才能最終為金融業的健康發展起到積極的輔助作用，助推金融業"家發人興"。

　　5G 金融時代已經悄然來臨，我們一方面要充分利用好其正面積極作用，但另一方面也要清醒地認識到它可能帶來的風險和隱患。如果金融監管部門和金融機構對這個問題重視不夠，那麼 5G 金融就有可能像潘多拉魔盒，一旦打開氾濫的罪惡之門，或者一旦對它失去有效的控制，事情就有可能走向它的反面，給金融業帶來災難。這種災難一旦發生，將與 4G 時代的破壞規模、破壞範圍、破壞深度和破壞廣度大不相同，將會是致命的，一家金融機構會因為信息泄露而轟然倒塌，甚至可能會引發多米諾骨牌效應，引起整個金融業發生強烈的海嘯。

　　所以，金融監管部門和整個金融業既要學會科學運用 5G 金融技術，讓其運用於金融業監管、金融業業務發展及金融風險防控的各個方面，也要加大對 5G 金融可能誘發或存在風險隱患的研究和預判，積極主動制定 5G 金融的運用規則和行業發展規劃，建立起完善的 5G 金融風險預警機制，盡量做到揚長避短和趨利避害，大膽挖掘 5G 金融的最大潛能，積極發揮其長處，做到自我揚棄和自我發展，讓 5G 金融成為推動社會經濟發展的發動機，不斷造福民眾。

從當前 5G 金融演進的現實看，未來風險防控將出現重大轉向：一是金融業風險防範將由過去主要圍繞傳統金融業務經營風險向著重圍繞科技金融風險防範轉變，因為 5G 金融信息傳輸的高速度打破了傳統金融業務拓展的時間滯後性和地域局限性；二是金融業風險防控將由單一的金融機構風險防控向跨行業風險防控轉變，因為 5G 金融時代，金融混業經營的趨勢將更加明顯，經營金融業務的機構不再是單純的金融機構，而有可能是金融百貨公司，這就需要從多個角度、多個場景、多個行業等進行協同式綜合監管；三是金融業風險防範從一般意義上的業務違規違法經營風險向金融信息泄密方向轉變，因為 5G 萬物互聯的功能既給金融業發散式、多維度發展帶來了機遇，也給金融風險防範帶來了巨大的挑戰。為此，5G 時代金融風險的防範可著力圍繞以下三方面進行。

一、防範 5G 金融自身存在的技術風險

前面已對 5G 金融的利弊做了較為詳盡的闡述，儘管 5G 給金融業帶來的好處是以往任何時期都不能比擬的，但一切都要建立在安全可靠的基礎上。否則，不但享受不到 5G 金融應有的"善良"天性，還可能放大 5G 金融的"惡性"。也就是說，5G

金融的信息監管制度必須完善、管控到位，以有效防止信息泄露事件發生。反之，則有可能出現大範圍、多環節、多領域的金融信息泄密事件，不但不能給金融業帶來健康發展，反而會帶來災難，給金融消費者帶來巨大損失。

5G 金融可能帶來的潛在風險，絕非危言聳聽。舉個例子，5G 網絡一旦受到攻擊，所產生的危害比 4G 網絡更嚴重，這是因為 5G 的廣泛應用將使移動互聯網連入的信息更加龐大，同時也變得更加複雜，而越精緻複雜的東西，受到攻擊後產生的損害也就越大。試想，當電子支付完全取代紙幣以後，如果有一天，電子支付的網絡遭遇攻擊，突然癱瘓，人類的商業和支付體系將完全癱瘓，人類會不會退化到最原始的以物易物階段？這就如同強大無比的美國軍隊，因其很多武器完全依賴於密佈太空的衛星，一旦這些衛星被敵國擊落，美軍手裏的高科技武器瞬間失效，遠不如大刀長矛。

由此，金融監管機構及金融監管部門在積極大膽擁抱 5G 金融的同時，應增強危機感、憂患感和使命感，把防範 5G 金融自身風險放在重要的位置，將其納入金融業運用 5G 的重要攻關課題。

目前，面對新形勢，防控 5G 金融風險可從兩方面入手。一方面，思想上應對 5G 金融的風險保持高度重視，不能只看到 5G 金融助力金融業發展的積極作用，還應認識到其有可能帶來消極的作用，對 5G 金融的發展保持客觀理性的態度。尤其是，目前各級政府與監管部門在 5G 金融風險防控的合作機制上存在不到位的地方，甚至可能存在對 5G 金融的風險重視不夠、認識不高、大局意識不強等問題，這些都有可能給 5G 金融發生潛在風險創造一定的機會。另一方面，參與 5G 金融技術開發與技術攻關的所有經濟主體，應注重防範 5G 金融的技術漏洞和業務發展漏洞，加強對 5G 金融運用過程中的風險預估，做到見微知著，準確把握 5G 金融的每一個細節、每一個苗頭、每一個動態，對 5G 金融的發展趨勢、發展方向及可能遇到的技術瓶頸等做好準確預判，特別是要對容易產生或可能隱藏風險的地方做到未雨綢繆，建立相應的前瞻性機制。此外，隨時對 5G 金融的業務領域進行監控，並對已有監管制度加以修訂、補充和完善，與不同參與個體及時共享信息，形成防範合力，築牢風險管控的"防火牆"，防止金融信息泄露引起連鎖反應。更要豐富防控手段，堅決防止因金融信息泄露帶來的跨行業、跨系統風險外溢，將金融風險控制在較小的範圍和最低的程度。

此外，還要重視對用戶金融信息及隱私的保護。因為 5G 金融服務會涉及海量的用戶隱私數據，如終端硬件標識、用戶的 ID、用戶的行為偏好等。尤其是，在日趨豐富的金融場景中，運營商會獲得大量敏感的用戶身份信息、交易數據，5G 金融的大發展，將會使這些隱私數據從相對封閉的系統轉移到開放的系統中，並且交互設備會越來越多，數據一旦泄露，將會造成嚴重的後果。因此，運營商需提供比傳統網絡更可靠更安全的隱私保護方案，金融機構只有在應用層面採取更加有力的保護措施，才能有效堵塞用戶信息的泄露。

二、防範人為道德風險

科技的不斷發展，既給相關產業帶來了巨大的機遇與商業利益，同時也會給不法分子利用科技手段作弊欺詐提供方便。換句話說，高度發達的科技也必然陪伴著較高的人為道德風險。

事實上，在過去移動通信技術相對落後的時代，金融領域的道德風險屢見不鮮，業內員工"監守自盜"的行為，不但給金融機構及金融消費者帶來了損失，也給金融市場和社會穩定帶來巨大風險。比如，據財新網 2016 年 1 月報道，中國農業銀行北京分行兩名員工被立案調查，原因是他們涉嫌非法套取 38 億元票據，同時利用非法套取的票據進行回購資金，並且未建立台賬，回購款中相當部分資金違規流入股市，由於股價下跌，出現巨額資金缺口無法兌付。由於該案涉及金額巨大，公安部和當時的銀監會還將該案件上報國務院。此外，銀行理財產品的"飛單案"也是層出不窮，據《法制日報》報道，2017 年 4 月發生在民生銀行北京分行航天橋支行的理財產品"飛單案"，是中國金融業有史以來第一大"飛單案"，作案人為該支行行長，其夥同他人，私自銷售非本行理財產品，涉案金額高達 30 億元人民幣，對投資人構成重大危害。

　　在技術高度發達的 5G 金融時代，引發人為道德風險的概率可能更高，作案的機會可能更多，波及的範圍會更廣，涉及的金額會更大，造成的損害程度會更深，誘發的金融風險會更加嚴重。因此，5G 金融時代，需把防範人為道德風險放在金融風險控制的首位，對人為道德風險絕不能等閒視之，或者持無所謂的態度，稍不留意，可能要出大問題。

　　那麼，未來應該如何做好人為道德風險的防範工作呢？具體來看，可從四方面入手。

　　一是建立 5G 金融信息分層披露制度。即對 5G 金融涉及的所有金融服務信息進行分類管理，劃定一個嚴格的信息分層掌握標準，並建立不同信息分享群體之間的風險防火牆，避免信息出現交互傳輸的現象，實現金融信息相互之間的相對保密與安全，實現不同層面的信息消費者或提供者分享不同的信息。

　　二是建立嚴格的防範金融信息詐騙的預防機制、及時查處機制及風險化解機制。因為 5G 的萬物互聯及高傳輸速度，一些金融機構內部人員有可能故意將金融信息技術外泄，或與非法組織內外勾結，然後組織研發和模仿 5G 金融技術，並將其運用於金融詐騙活動之中，這樣導致的後果將是十分恐怖的。尤其是，金融監管部門應防止出現各種變換 "馬甲"，防止藉金融創新之名行金融詐騙或斂財之實的金融機構做手腳，利用 5G 金融的諸多技術特點和新功能，對專業知識不足的民眾實施欺騙，給民眾帶來經濟損失。

　　三是金融監管機構在金融准入政策上要定義清楚金融業的邊界，避免大型科技企業渾水摸魚，利用技術優勢從事非法金融業務活動。目前，一些金融科技公司既不想拿金融牌照，又想做金融業務，而分類金融牌照既難獲批，又消費較大成本，還要受到更嚴格的監管，所以總是想擺脫監管。另外，還要防止一些金融科技公司以第三方支付形式，打著金融服務的旗號，實際看中的是客戶口袋裏的錢，對此類扭曲的動機，在政策設計上要加以防範。

　　四是金融監管機構要防止數據歧視與造假現象發生。隨著大量用戶信息被採集，而且客戶的行為特徵也已實現了高度數字化，這就可能讓一些金融服務提供機構在數據使用過程中，採取帶有歧視性、誤導性的行為，如利用用戶畫像進行有針對性的營銷策略。還有一些數據信息提供機構可能會利用系統的漏洞進行造假，侵犯客戶的隱私權。因此，監管機構應加強金融機構對信息採集、利用和處理的監管，而金融機構也應做好用戶信息採集的檢測、審核與預警，杜絕一切信息數據泄漏事件發生。

三、防範參與主體缺位風險

　　要想把防範 5G 金融風險的工作做到位，避免 5G 給金融業及社會經濟發展帶來障礙，必須動員一切可以動員的社會力量，調動一切可以調動的有利因素，形成防範 5G 金融風險的社會合力，才能真正讓監管發威、讓監管出成效、讓監管上台階。因此，防控 5G 金融風險是一項龐大而又複雜的社會系統工作，需要傾注全社會之力，任何單槍匹馬的行為，或者指望靠單一部門或幾個部門就能防控 5G 金融風險，難度較大。

從當前來看，可考慮從兩方面來構築好防控 5G 金融風險的堅固陣地。

一是央行、銀保監會、金融機構及各級政府部門應共同建立防範 5G 金融風險的組織架構或相關機制，建立監管信息共享平台，簽署好 5G 金融風險共同防範條約，明確各自的職責，做到各司其責職。具體說，就是應加強法規制度的頂層設計，加強行業治理，加強個人信息保護立法，在行政法規上針對不同行業，如工商、稅務、金融等建立好本行業信息安全、客戶隱私保護的相應制度安排；互聯網公司和金融機構應提高行業自律意識，加強對個人信息、用戶信息、用戶隱私保護的意識和能力，共同夯實 5G 金融風險防控基石，防止參與主體缺位。

二是抽調金融監管機構、金融機構、政府職能部門、金融消費者組建一個牢固的社會立體監管體系，利用 5G 的萬物互聯及泛在網功能，實現監管信息共享，共同監管 5G 金融。主要是建立各類嚴密的風險防範機制，調動全社會所有力量共同打擊和預防 5G 金融的違法犯罪活動，有效淨化 5G 金融推廣運用和發展環境，讓 5G 金融真正造福民眾，將中國的金融業發展推向更高的水平。